JAPANISCH KOCHEN

YASUKO FUKUOKA

UMSCHAU

Für Paul und Katie-Sai, die meine Liebe zum Essen und zum Leben teilen.

First published in Great Britain in 2007 by
Hamlyn, a division of Octopus Publishing Group Ltd
2–4 Heron Quays, London E14 4JP

Übersetzung
Sandra Tews, Laura Willenbücher

Satz
Tischewski & Tischewski, Marburg

Printed in China

ISBN 978-3-86528-612-3

Hinweise

Die in diesem Buch verwendeten Löffelmaße beziehen sich auf gestrichene Standardlöffel:
1 Esslöffel (EL) = 15 ml
1 Teelöffel (TL) = 5 ml

Der Backofen sollte auf die angegebene Temperatur vorgeheizt werden. Bei Heißluftöfen bitte die Herstellerangaben zur Anpassung der Temperatur berücksichtigen. Der Grill sollte ebenfalls vorgeheizt werden.

Sofern nicht anders angegeben, verwenden die Rezepte frische Kräuter. Getrocknete Kräuter können alternativ verwendet werden, allerdings sollten Sie dann die angegebene Menge halbieren.

Sofern nicht anders angegeben, verwenden die Rezepte mittelgroße Eier.

Einige Gerichte enthalten rohe oder nur leicht gegarte Eier. Schwangere, stillende Frauen, Kranke, Babys und kleine Kinder sowie ältere Menschen sollten diese Gerichte meiden. Einmal zubereitet, sollten sie gekühlt aufbewahrt und rasch verzehrt werden.

Einige Gerichte enthalten Nüsse, Mandeln oder Ähnliches. Menschen, die überempfindlich oder allergisch auf Nüsse reagieren, oder solche, die Gefahr laufen, eine Allergie zu entwickeln, wie ältere Menschen, Babys, Kinder, Schwangere und stillende Frauen, sollten auf Nüsse und Nussöle verzichten. Außerdem empfehlen wir, die Packungsangaben von vorgefertigten Zutaten sorgfältig zu lesen, weil hier möglicherweise Nüsse, Mandeln oder Ähnliches enthalten sein können.

Einige Rezepte verwenden rohen Fisch. Schwangere, stillende Frauen, Kranke, Babys und kleine Kinder, ältere Menschen sowie Menschen, die überempfindlich reagieren könnten, sollten diese Gerichte meiden.

Fleisch und Geflügel sollten vollständig durchgegart werden. Um zu prüfen, ob das Geflügel gar ist, das Fleisch mit einer Gabel oder einem Spieß an der dicksten Stelle einstechen. Der austretende Saft sollte stets klar und niemals rot oder rosa sein.

Die Ratschläge in diesem Buch sind von den Autoren und dem Verlag sorgfältig erwogen und geprüft, dennoch kann eine Garantie nicht übernommen werden. Eine Haftung der Autoren und des Verlages für Personen-, Sach- und Vermögensschäden ist ausgeschlossen.

Inhalt

5 Einleitung

22 Suppen und Vorspeisen

40 Sushi und Sashimi

62 Fisch und Meeresfrüchte

82 Fleisch und Geflügel

102 Gemüse

122 Reis und Nudeln

142 Desserts

158 Register

Einleitung

Die japanische Küche gilt allgemein als eine der gesündesten weltweit. Die Japaner selbst sind dafür bekannt, dass sie ihre jugendliche Erscheinung bewahren und dabei länger als fast jedes andere Volk leben. Obwohl aufgrund einer zunehmend verwestlichten Ernährungsweise (mit Pizza, Burgern und Softdrinks) Fettleibigkeit in den letzten Jahren verstärkt zu verzeichnen ist, bleiben die meisten Japaner ihr Leben lang schlank.

Die japanische Ernährung basiert hauptsächlich auf dem Verzehr von Kohlehydraten, frischem Obst und Gemüse sowie Fisch. Es stehen vergleichsweise wenig Milchprodukte und Fleisch auf dem Speiseplan, sondern vielmehr fettarme Speisen. Zwar gibt es Diäten, die auf einem diesen Prinzipien entgegengesetzten Ansatz aufbauen, doch ist die traditionelle Ernährungsweise seit langem Teil der japanischen Kultur und hat die Japaner gesund gehalten. Die meisten Gerichte verwenden nur wenig oder gar kein Öl. Frittiertes wie z. B. Tempura wurde von westlichen Gerichten übernommen und wird nur selten verzehrt.

Essen bedeutet Gesundheit

Die Japaner essen gern Obst und Gemüse zu Fisch und Fleisch. Ein reines, ursprüngliches Aroma wird fettigem und schalem Geschmack deutlich vorgezogen. Darüber hinaus sucht man in Japan aktiv nach gesunden Nahrungsmitteln und gesundheitsfördernden Zutaten, die noch nicht bekannt oder in Vergessenheit geratenen sind, denn man ist der Meinung, dass Essen gleichbedeutend mit der Einnahme von Medizin ist. Kanten (auch bekannt als Agar-Agar), schwarze Sesamkörner und Essig sind einige der Nahrungsmittel, die in den letzten Jahren zu Favoriten der japanischen Küche geworden sind, wobei ihre gesunden Eigenschaften durch wissenschaftliche Forschungen untermauert werden. Dieses „Essen als Medizin"-Konzept – in Japan unter *„I-shoku dogen"* bekannt – ähnelt dem westlichen „Du bist, was Du isst"-Prinzip, doch wird hier mehr Gewicht auf die Vorbeugung von Krankheiten gelegt als auf ihre Behandlung.

Ein Fest für Seele und Sinne

Obwohl die Japaner so viel Wert auf eine gesunde Ernährungsweise legen, sind sie auch der Überzeugung, dass Essen gut schmecken und ganz nach dem Prinzip „das Auge isst mit" serviert werden muss, um es richtig genießen zu können. Das Prinzip „Essen als Medizin" steht daher nicht für einen allein auf Nährwerte oder Kalorien fixierten Speiseplan, sondern beinhaltet vielmehr auch die Verwendung saisonaler Zutaten, deren positive Eigenschaften durch die richtige Zubereitungsweise hervorgebracht und erhalten werden.

Mit diesem Kochbuch sollen gesunde Rezepte, wie sie die Japaner zu Hause zubereiten, einem größeren Publikum zugänglich gemacht werden. Viele Gerichte sind sicherlich nicht auf den Speisekarten japanischer Restaurants außerhalb Japans zu finden. Einige werden auch mit neueren Zutaten der japanischen Küche, wie gekeimter Naturreis, zubereitet. Diese Rezepte wurden der Auswahl an Zutaten, die in westlichen Ländern erhältlich sind, angepasst. Auch einige möglicherweise ungewohnte Zubereitungsweisen wurden vereinfacht.

Ich möchte mit dieser Rezeptsammlung die ausgewogene japanische Küche jedem zugänglich machen, der auf eine gesunde Ernährung achten und gleichzeitig Spaß an gutem Essen haben möchte.

YASUKO FUKUOKA

Wie sich Japaner ernähren

Bei Untersuchungen über die japanische Ernährung stehen zumeist Nährwerte und ungewöhnliche Zutaten, wie Meeresalgen oder Brühe aus getrockneten Pilzen, im Mittelpunkt, was schnell den Eindruck erweckt, dass das Nachkochen japanischer Rezepte am heimischen Herd zu schwierig für nichtjapanische Köche sei. Stimmt das? Die nächsten Seiten verraten es Ihnen.

Hauptbestandteil der japanischen Ernährung ist Reis, *Shushoku* (Hauptgericht). Alles andere heißt *Okazu* (Beilage). Mindestens zwei Beilagen werden in kleinen Portionen zum Reis oder der jeweiligen Alternative, wie Nudeln, gereicht.

Zum Frühstück gehören frisch gekochter Reis und heiße *Miso*-Suppe zusammen mit gegrilltem Fisch etwa oder *Natto* (fermentierte, gekochte Sojabohnen). „Ein-Gang-Menüs" wie Nudeln in heißer Brühe, eine Schüssel Reis oder Sushi-Reis mit verschiedenen Garnituren, werden gern mittags gegessen.

Das Abendessen findet für gewöhnlich im Familien- oder im Freundeskreis statt oder man geht in eine Bar oder *Akachochin*. Ein typisches Familienessen besteht aus einer Suppe und drei Beilagen, von denen eine in der Regel besonders eiweißreich ist, weshalb man sie in unseren Breiten oft für den Hauptgang hält.

Am Wochenende oder bei Feiern versammeln sich Freunde und Familie zum Essen oft rund um den Tisch. In der Mitte stehen eine große Heizplatte sowie ein Tablett mit rund 6 bis 20 Zutaten, die während des Essens zubereitet werden. Bei diesem „Do-it-yourself"-Essen dürfen auch *Temaki* (handgerollte Sushi) nicht fehlen.

In einer Bar werden hingegen oft mehrere kleine Gänge zu den Getränken serviert ähnlich wie bei spanischen Tapas.

Zum Schluss wird ein Gang mit Reis oder Nudeln serviert, um, wie der Japaner sagt, „auch das letzte freie Plätzchen im Magen zu füllen".

Ein Dessert gibt es für gewöhnlich nicht. Manchmal wird frisches Obst oder Sorbet angeboten. Traditionell endet ein Essen aber mit einer kleinen Tasse ungesüßten grünen oder braunen (halbfermentierten) Tees. Süßigkeiten oder Kuchen werden in der Regel zum Tee zwischen den Mahlzeiten gereicht.

Fünf Mahlzeiten am Tag? Nein, 30!

Typisch für die japanische Küche sind auch die kleinen Portionen, bestehend aus einer Vielzahl verschiedener Zutaten, die im Laufe eines Tages verzehrt werden. Kindern wird in der Schule beigebracht, dass „30 verschiedene Zutaten pro Tag" die Basis für eine ausgewogene Ernährung sind. Diese Vielfalt gilt heutzutage als Schlüssel für eine gesunde Ernährung.

Zu diesen „30" gehören alle Arten an Zutaten, von frischem Gemüse bis hin zu Fett. Sie werden in sechs Gruppen eingeteilt:

- Eiweiß: Fisch, Fleisch und Sojaprodukte
- Kalzium: Milchprodukte, kleine Fische, wie Breitling, kleine Sardinen, Babyaal, die im Ganzes gegessen werden können
- Karotin: grüne und gelbe Gemüsearten
- Vitamine und Mineralstoffe: andere Obst- und Gemüsesorten
- Kohlehydrate: Reis, Nudeln, Brot und Kartoffeln
- Fett

Kohlehydrate machen etwa die Hälfte der täglichen Nahrung eines Japaners aus. Fette werden in geringerem Umfang verzehrt als die Zutaten aus den übrigen Gruppen. Obwohl der Umfang einer einzelnen „Portion" nicht genau definiert ist, scheint aufgrund des bewussten Essens kleiner Mengen aus allen Nahrungsgruppen der Gesamtverzehr nicht übermäßig zu sein. Durchschnittlich verzehrt ein Japaner zwischen 20 und 50 Jahren rund 2 000 Kalorien pro Tag, eine Japanerin rund 1 300.

Obwohl die Kinder heute mehr westliche und Fertigprodukte konsumieren als ihre Eltern, scheinen sie die 30-Regel verinnerlicht zu haben und kommen spätestens als Erwachsene darauf zurück, wenn sie selbst für sich sorgen. Die meisten Japaner versuchen sich an die Regel zu halten, vor allem wenn sie Kinder haben.

Essen für die Gesundheit

Da die japanische Bevölkerung altert, sind die Menschen bestrebt, bewusst gesund zu bleiben, um nicht zur Last für das Gesundheitssystem zu werden, ein weiterer Beleg für das allgemeine Interesse an gesunder Ernährung. Man ist überzeugt, dass köstliche Mahlzeiten, die von Menschen bereitet werden, die sich um das Wohl anderer sorgen, alle glücklich machen und helfen, Energie für schwierige Zeiten zu sammeln. Lebt man 80 Jahre und isst drei Mahlzeiten pro Tag, nimmt man im Lauf seines Lebens fast 90 000 Mahlzeiten ein. Man kann essen, um sich seine Gesundheit zu ruinieren oder sie zu stärken. Es lohnt sich zu lernen, wie man sich ausgewogen ernährt und köstliche und zugleich gesunde Gerichte zubereitet.

Salz

Ein Problem gibt es allerdings bei der japanischen Küche: Salz. Die meist verwendeten Gewürze sind *Shoyu* und *Miso*, und beide enthalten reichlich Natrium. Weltweit ist der tägliche Salzverbrauch viel höher als noch vor 100 Jahren – mit negativen Folgen für die Gesundheit. Es ist schwieriger den Salz- als den Fettgehalt beim Kochen zu reduzieren, aber es gibt Wege, ohne dass der Geschmack leidet, und diese Methoden können in jeder Küche angewandt werden.

Trainieren Sie Ihre Geschmacksnerven, um frische Zutaten richtig zu schmecken und nicht die Gewürze und Saucen. Essen Sie zunächst rohe Karotten ohne Dip und Salz. Sobald Sie den Salzgeschmack bei Karotten nicht länger vermissen, reduzieren Sie die Salzmenge, die Sie normalerweise verwenden, auf zwei Drittel und dann schrittweise auf die Hälfte.

Durch eine schrittweise Reduktion Ihres Salzverbrauchs zusammen mit der Verwendung von natriumarmem Salz bzw. *Shoyu* mit reduziertem Salzgehalt können Sie Ihren Natriumkonsum um die Hälfte reduzieren. Salzarme Sojasaucen schmecken nicht fader oder dünner als normale. Sie sind außerhalb Japans auch immer einfacher erhältlich, da führende Hersteller die Produktion steigern, um der weltweit wachsenden Nachfrage gerecht zu werden.

In den folgenden Rezepten verwende ich weniger Salz oder *Shoyu* als sonst üblich. Zusätzlich nehme ich beim Kochen natriumarmes Salz und salzreduzierten *Shoyu* und *Miso* und kann das auch nur allen anderen empfehlen.

Darüber hinaus sollten Sie lernen *umami* zu schmecken, die fünfte Geschmacksart nach sauer, bitter, süß und salzig. Im Fernen Osten schon lange bekannt, kann man sie als „Geschmack der Schmackhaftigkeit" beschreiben. Hauptbestandteil dieser mysteriösen Komponente ist Glutaminsäure, eine Aminosäure, die in vielen Nahrungsmitteln zu finden ist, darunter Algen, Gemüse, Fleisch, Fisch und Milchprodukte.

Weichen Sie ein Stück *Konbu* (Seetang) oder getrocknete Steinpilze 5 Minuten in heißem gesalzenem Wasser ein. Vergleichen Sie nun den Geschmack der Brühe mit heißem gesalzenem Wasser. Geben Sie die Brühe dann an Suppe oder ins Garwasser und schmecken Sie den Unterschied. Wenn Sie den subtilen Geschmack erkennen, sind Ihre Geschmacksnerven bereit für eine neue kulinarische Welt. Sowie Sie *umami* in frischen Zutaten schmecken, können Sie Essen ohne zusätzliche Gewürze genießen und so Ihren Salzverbrauch weiter reduzieren.

Andere Aromastoffe

Viele japanische Rezepte verwenden *Dashi*-Brühe oder -Fond, die aus sonnengetrockneten Zutaten wie Shiitake, Meeresalgen und Fischflocken hergestellt werden. Sie stecken voller *umami*, um das Aroma der Zutaten selbst zu bereichern. Selbst gemachter *Dashi* aus guten Zutaten hilft auch, den Salzverbrauch beim Kochen zu senken.

Umami ist immer mit Mononatriumglutamat (MSG, Geschmacksverstärker E621) in Zusammenhang gebracht worden. Als MSG in den 50er Jahren entwickelt wurde, war das Hauptziel, die Bestandteile von *umami* zu trennen, um es so chemisch als billigen Instant-Geschmacksverstärker herstellen zu können. Wissenschaftler und Hersteller machten sich aber nicht die Mühe herauszufinden, wie genau eine einzige, freie Aminosäure, wie MSG, sich auf den Körper auswirkt. Die Frage, ob MSG gesundheitsschädlich ist oder nicht, bleibt weiterhin offen. Dennoch vermeiden viele gesundheitsbewusste Menschen mittlerweile chemische Zusätze und Konservierungsmittel in Nahrungsmitteln. MSG und andere Zusatzstoffe werden weltweit in Fertiggerichten verwendet, einer der Hauptgründe, warum selbst gekochtes Essen häufig am sichersten ist.

Kalorienarme Ernährung

Viele Zutaten der japanischen Küche eignen sich zum Abnehmen. Sie können sie auch für andere Rezepte verwenden und so Ihren Kalorienverbrauch kontrollieren.

Gegrilltes Fleisch oder Fisch serviert mit gedämpften Pilzen wie Shiitake, Shimeji, Maitake oder Enoki in Knoblauch und Sake enthält nur etwa ein Drittel der Kalorien von Fleisch oder Fisch mit Bratkartoffeln.

Ein Salat aus gemischten Algen mit grünen Blättern mit fettarmem Dressing sättigt und wirkt sich dank seines hohen Anteils an Ballaststoffen auch positiv auf die Verdauung aus. Eine Handvoll eingeweichter Algen mit gehackten und in 1 TL Sesamöl und *Shoyu* gebratenen Frühlingszwiebeln enthält gerade mal 12 Kalorien.

Anders als mit Gelatine zubereitete Gelees bleiben solche aus Agar-Agar, das aus Kanten (Kelp) gewonnen wird, bei Raumtemperatur fest. Für ein in Japan beliebtes kalorienarmes Dessert bereitet man 200 ml Agar-Agar-Gelee mit 1 EL seines Lieblingslikörs zu. Das feste Gelee wird in kleine Würfel geschnitten und mit Joghurt oder frischem Obst serviert.

Mischt man gekochten Reis mit gekochten und gehackten Shirataki-Nudeln aus Taro-Stärke, reduziert man den Reisanteil, ohne etwas an der Menge einzubüßen.

Um Zucker zu reduzieren, ohne dabei an Süße zu verlieren, kann man die Hälfte des Zuckers durch ein Drittel der eigentlichen Zuckermenge an Reisessig ersetzen. Sollen also 3 TL Zucker verwendet werden, nehmen Sie nur 1 1/2 TL und für die andere Hälfte nehmen Sie 1 TL Reisessig. *Mirin* (süßer Reiswein) hat einen hohen Zuckeranteil und kann ebenso wie Reisessig verwendet werden.

Das Servieren

Wie bereits erwähnt, ist in Japan die Optik beim Essen ebenso wichtig wie der Geschmack. Wenn Sie erst anfangen japanisch zu kochen, lohnt es sich, zunächst in ein scharfes Qualitätsküchenmesser zu investieren. Das macht bei der Zubereitung und dem Aussehen des Essens einen großen Unterschied.

Nehmen Sie kein Dekorobst und -gemüse oder nicht essbare Blumen und Blätter zum Garnieren, sondern nur Zutaten des Gerichts selbst.

Die Farbkombination ist ebenfalls wichtig. Japaner wählen oft zwei bis drei kontrastierende Farben: Rot (Garnelen etwa) mit Grün (Gemüse wie Spinat) und Weiß oder Gelb (Garnitur wie Zitronenschalen). Meine Rezepte sind weitgehend so aufgebaut.

Zudem sollten Sie die Speisen großzügig anrichten und nie Essen am Rand eines Tellers oder einer Schüssel anhäufen. Um das Essen herum sollte mindestens ein Freiraum von 2,5 cm sein.

Ausstattung

Zwar kann die Mehrzahl der hier präsentierten Rezepte problemlos in jeder gut ausgestatteten Küche zubereitet werden, wenn sie jedoch authentisch aussehen und schmecken sollen, empfehlen wir Ihnen, in die folgende Ausrüstung zu investieren:

DONBURI sind spezielle Keramikschüsseln (etwa 10 cm tief und 15–18 cm Ø) mit Deckel, um die Speisen warm zu halten. Außerdem werden so auch Reisgerichte bezeichnet, die in Schüsseln und mit verschiedenen Zutaten wie Rührei oder Hähnchen serviert werden.

KÜCHENREIBE *Oroshi-Gane*, eine Reibe mit feinen Blättern aus glasiertem Keramik, Plastik oder Metall ist für Liebhaber der japanischen Küche unentbehrlich. Mit ihr wird aus Daikon, Ingwer oder Knoblauch ein saftiges Mus gewonnen. Die im Westen verwendeten Küchenreiben sind für diese Zwecke zu grob.

MAKISU Diese biegsame Matte aus Bambusstreifen wird zum Aufrollen von *Nori Maki* und gerollten Sushi unbedingt gebraucht. Mit heißem Wasser abwaschen und gründlich trocknen lassen, bevor Sie sie verstauen.

MESSER Japanische Küchenmesser werden meist an einer Seite für einen saubereren Schnitt geschärft. Das vielseitigste Messer zum Schneiden von Fleisch, Fisch und Gemüse heißt *Santoku* („drei Talente"). Für *Sashimi-* und *Sushi-*Garnituren wird das lange, schmale *Yanagiba* verwendet, mit dem man Fischfilet mit einem einzigen Schnitt schneiden kann.

NABE oder *Donabe* ist ein Tontopf mit Deckel für Eintöpfe, den es von 12 cm Ø für eine Person bis hin zur Größe von kleinen „Kesseln" gibt, in der Sumo-Ringer ihre Mahlzeiten kochen. Ein Topf von 23 cm Ø reicht in der Regel für 4–6 Personen. Vor dem Gebrauch mit Wasser füllen und mehrere Stunden stehen lassen.

OMELETTE-PFANNE Eine kleine rechteckige Pfanne zur Zubereitung von *Atsuyaki tamago* (rechteckige, aufgerollte Omelettes), die traditionell aus Kupfer besteht, um die Hitze gut zu leiten. Vor dem ersten Gebrauch mit heißem Wasser auswaschen und erhitzen, bis sie trocken ist. Etwas Pflanzenöl hineingießen und 3 Min. sanft erhitzen, nochmals mit heißem Wasser waschen.

REISKOCHER Wenn Sie oft japanisch kochen, lohnt sich die Anschaffung eines japanischen Reiskochers mit eingebautem Timer. Morgens vor der Arbeit einfach Reis und Wasser einfüllen und Timer einstellen. Abends ist der Reis dann perfekt gegart.

REISLÖFFEL Ein flacher Löffel, *Shamoji* genannt, aus Bambus, lackiertem Holz oder Plastik, um (*Sushi-*)Reis aus Kochtopf oder Pfanne in eine Schüssel oder auf einen Teller zu schöpfen.

SURIGOKI UND SURIBACHI Mörser und Stößel werden zum Zerreiben von Nüssen oder Sesamkörnern zu feiner Paste gebraucht. Der Mörser (*Suribachi*) ist eine tiefe Schüssel, die innen eingekerbt ist, wodurch eine gute Reibefläche entsteht.

Vorratsschrank

Die meisten der Zutaten, die für die Rezepte in diesem Buch verwendet werden, sind in großen Supermärkten erhältlich, manche auch in auf Asiaprodukte oder japanische Waren spezialisierten Läden. Alternativ können Sie die Zutaten auch übers Internet beziehen.

ABURA AGE siehe Tofu

ADUKIBOHNEN oder Adzukibohnen werden in Japan und China gepflanzt und ähneln Kidneybohnen, werden in der japanischen Küche aber eher für süße als für salzige Gerichte verwendet. Zum Garen am besten 150 g getrocknete Bohnen waschen und in ein Gefäß mit Schraubverschluss geben. Mit frisch aufgekochtem Wasser übergießen, sodass die Bohnen vollständig bedeckt sind. Gefäß gut verschließen und über Nacht einweichen. Am nächsten Tag das Wasser abgießen und die Bohnen in einen Topf mit schwerem Boden geben. Mit kaltem Wasser bedecken und aufkochen. Hitze reduzieren und zugedeckt 30 Min. köcheln lassen. Zum Testen die Bohnen mit den Fingern drücken: Wenn sie leicht brechen, sind sie gar.

BOHNENKEIMLINGE kann man ganz leicht selbst ziehen. Dazu getrocknete Mungobohnen mit kaltem Wasser waschen und in ein weites Glasgefäß geben.

Sojabohnen zunächst über Nacht in Wasser einweichen. Das Gefäß mit einem Tuch abdecken und an einen dunklen Ort stellen. Das Wasser täglich 2 bis 4-mal wechseln. Die Bohnen keimen so innerhalb von 2–5 Tagen. Warten Sie, bis die Wurzeln 5–8 cm lang sind. Für einen feineren Geschmack die Wurzelspitzen vor dem Kochen abschneiden.

BENI SHOGA ist eingelegter roter Ingwer, der zum Garnieren von *Chirashi-zushi* verwendet werden kann. Sie können ihn selbst machen (S. 21) oder fertig in Supermärkten oder Asialäden kaufen.

DAIKON Dieser lange, dicke, weiße Rettich ist (wie Mooli in der indischen) eines der meistverwendeten Gemüse der japanischen Küche. Geriebener roher Rettich wird für Dips zu Frittiertem, gegrilltem Fleisch oder öligem Fisch verwendet. Die enzymhaltigen Säfte unterstützen die Verdauung von Proteinen. Süß eingelegter *Daikon* ist als *Takuan* bekannt, benannt nach einem buddhistischen Mönch, der dieses Rezept erfunden haben soll. Möglichst *Takuan* mit mattgelber Farbe nehmen. Er hat einen scharfen Geschmack und wird für Sushis oder als Beilage zu frisch gekochtem Reis verwendet.

DASHI wird aus *Kezuri Bushi* (getrocknetem Thunfisch), getrocknetem Seetang oder einer Mischung daraus zubereitet und ist ein wichtiger Bestandteil japanischer Gerichte. Am besten frisch zubereiten (S. 19), Reste als Eiswürfel einfrieren. *Dashi* ist auch als gefriergetrocknetes Granulat erhältlich. Ein 5-g-Päckchen ergibt 750 ml Brühe. Produkte ohne Zusatzstoffe im Reformhaus.

EDAMAME Noch grüne, unreife Sojabohnen mit Hülse werden in Salzwasser gekocht und gern als Snack zu alkoholischen Getränken gereicht.

FISCHROGEN *Ikura* (Lachsrogen) ist in Nordeuropa ebenso beliebt wie in Japan, wo er in der Regel schon fertig gesalzen in Gläsern verkauft wird. *Tobiko* (Rogen vom Fliegenden Fisch) ist von Natur aus orangefarben, aber auch in Rot, Schwarz, Grün oder aromatisiert erhältlich. Auch *Tobiko* wird gesalzen in Gläsern in gut sortierten Supermärkten, bei Fischhändlern oder in Delikatessläden angeboten.

HAKUSAI Chinesischer Kohl hat dicke, weiße und weiche Blätter, die sehr eng und dicht sitzen und einen festen, länglichen Kohlkopf bilden. In Japan und Korea werden die Blätter oft gekocht oder eingemacht, sie können aber auch roh in Salaten gegessen werden. Chinesischen Kohl bekommt man in vielen Supermärkten und im Fachhandel.

KEZURI BUSHI Die Hobel von dem getrockneten Bonito, einer Thunfischart, werden für *Dashi* verwendet (S. 19). In Flockenform streut man ihn über Tofu oder gekochten Spinat. Er wird auch als *Katsuo Bushi* bezeichnet und meist in 5-g-Packungen verkauft.

KINOME Die jungen Blätter des japanischen Pfefferbaums, aus denen *Sansho* (japanischer Pfeffer oder Szechuanpfeffer) gewonnen wird, haben einen pfeffrigen Anisgeschmack. Dressings oder Saucen auf *Miso*- oder Essigbasis, zu Fisch- oder vegetarischen Gerichten, verleihen sie eine besondere Note.

KUROSU Reisessig wird aus braunem Reis gemacht und ist milder als etwa Obstessig. Durch die Reifung ergibt sich ein dunkler, fast schwarzer Essig, der im Geschmack italienischem Balsamico ähnelt. Aus weißem, braunem oder rotem Naturreis werden andere Essigsorten hergestellt. Für ein beliebtes Getränk, dem man gesundheitsfördernde Wirkung zuschreibt, wird ein Teil Reisessig mit fünf Teilen Wasser verdünnt und mit einem Süßungsmittel wie Honig gemischt.

MIRIN ist eine der wichtigsten Zutaten der japanischen Küche. Der klare, etwas zähflüssige süße Reiswein wird aus einer Mischung aus Reishefe, Klebereis und Reisschnaps hergestellt. Er verleiht Gerichten Süße und einen schönen Glanz.

MISO Hierzu mischt man gekochte Sojabohnen mit Reis oder Weizenhefe und lässt sie dann zwischen zwei und drei Jahre gären und reifen. Es gibt viele verschiedene Sorten *Miso*, die sich durch Farbe und Salzgehalt unterscheiden. Die gewöhnliche Paste ist schwarz, wird allein aus Sojabohnen hergestellt und ist ziemlich salzig, rote wird mit Gerste gemischt. Weiße wird mit Reis gemischt und ist weniger salzig als die anderen Sorten.

MITSUBA ist eine der Petersilie ähnliche Pflanze, sie wird zum Würzen von Gerichten verwendet, in Sushi eingerollt und mit Gemüse ausgebacken.

MIZUNA auch japanischer Salat oder Blattkohl genannt, mit länglichen gezahnten Blättern.

NERI KURO GOMA Schwarzes *Sesamtahini*, eine ölige Paste aus schwarzen Sesamkörnern, gibt's in Asia- oder Reformläden. Um es selbst herzustellen, 6 EL schwarze Sesamkörner mit Mörser und Stößel 20 Min. zerreiben.

NUDELN sind nach Reis die meistgegessene Beilage. *Shirataki* sind gelatinehaltige, durchsichtige und glibberige Nudeln aus Süßkartoffelmehl, die oft für Eintöpfe und sanft gegarte Gerichte genommen werden. Braune *Soba*-Nudeln aus Buchweizen gelten als gesund und nahrhaft. Normalerweise werden sie getrocknet verkauft, manchmal bekommt man sie aber auch frisch. Sie werden heiß oder kalt serviert. *Somen* sind sehr fein, werden aus hellem Weizen gemacht und im Sommer meist kalt serviert. Die dicken, breiten *Udon*-Nudeln werden aus Weizen hergestellt und sind sowohl getrocknet als auch frisch im Handel leicht zu bekommen.

NUKA Diese getrocknete Reiskleie wird meist zum Einmachen verwendet. Wenn man eine Handvoll *Nuka* kochenden Bambussprossen hinzufügt, entzieht man diesen den bitteren Geschmack.

PILZE werden in der japanischen Küche interessanterweise nie roh verzehrt. Beliebt sind folgende Pilzarten: *Enoki* haben weiße Hüte und lange Stängel. Sie wachsen in Büscheln am Fuß des *Enoki*-Baums (Chinesischer Zürgelbaum). Mit ihrem feinen, besonderen Geschmack sind sie gegrillt oder gedämpft besonders köstlich. In westlichen Ländern sind nur gezüchtete *Enoki* erhältlich. *Maitake* (Klapperschwamm) wachsen am Fuß von Eichen. Sie haben eine gekräuselte Form und zartes Fleisch. Man verwendet sie für Suppen, pfannengerührte Gerichte und frittiert für *Tempura*. Die duftenden *Shiitake* werden im Fernen Osten und in Südostasien seit Jahrhunderten gern und viel für pikante Gerichte verwendet. Die getrockneten Pilze sind frischen vorzuziehen, was ihren erdigen Geschmack und den Nährstoffgehalt angeht. Die grauen *Shimeji* (Buchenpilz) wachsen unter Buchen in Büscheln und werden so, am Fuß zusammengewachsen, verkauft. Vor der Verwendung zerteilen.

RENKON Gekochter *Renkon* (Lotusblüte), mit seiner knusprigen Konsistenz, wird für sanft gegarte und frittierte Gerichte sowie zum Einmachen verwendet. Oft wir er bereits gegart und vakuumverpackt angeboten.

REIS Verwenden Sie für japanische Gerichte stets Kurzkornreis, denn er klebt besser zusammen als Mittelkorn- oder Langkornreis, die weniger Stärke enthalten. Japanischer Reis wird manchmal auch als Sushi-Reis bezeichnet. Alternativ können Sie Rundkornreis (mit dem man etwa Milchreis kocht) nehmen. Für eine Körner-Reis-Mischung 150 g japanischen braunen Reis oder braunen Kurzkornreis mit 50 g Hafer, Amaranth, Quinoa, Roggen, *Oshimugi* (japanische Gerste), *Hatomugi* (Perlgerste oder Tränengras) oder Hirse mischen. Verwenden Sie besser kein *Kamut* (ganze Gerstenkörner), da es langsamer gart als die anderen Körner. Wie braunen Reis und mit derselben Menge Wasser garen (S. 17). Evtl. geröstete Sesamkörner oder Nüsse unter den gekochten Reis mischen. *Mochigome* ist gekocht sehr klebrig und wird für üppige Reiskuchen, *Mochi* und andere Reisgerichte verwendet. Man bekommt ihn in Asia- und Reformläden.

SAKE ist ein beliebtes alkoholisches Getränk aus Reis, das es mit unterschiedlichem Alkoholgehalt gibt. Alternativ eignet sich trockener Sherry. *Sake kasu*, der weiße Bodensatz, der nach der Veredlung des *Sake* übrig bleibt, wird für süße Getränke, *Amazake* oder zum Einmachen verwendet.

SANSHO ist japanischer Pfeffer und nicht mit dem schwarzen oder weißen Pfeffer verwandt. *Sansho* ist die gemahlene Spelze des Szechuanpfeffers (*Zanthoxylum piperitum*). Er hat ein tolles Aroma und wird oft für Fisch- und Hühnchengerichte verwendet.

SATOIMO Diese golfballgroße Kartoffel, eine Art *Taro* (Malanga), erzeugt einen klebrigen Schleim, wenn man sie schält oder kocht.

SEETANG Viele Arten Seetang sind essbar und jede hat ihren ganz eigenen Geschmack. *Konbu*, eine Art Kelp (eine große Meeresalge), wird getrocknet verkauft und meist für *Dashi*-Brühe verwendet (S. 19). Vor der Verwendung mit feuchtem Küchenpapier säubern, aber aufpassen, dass er nicht zu nass wird und aufweicht. *Nori*, das häufig zum Einwickeln von Sushi verwendet wird, bezeichnet getrockneten Seetang in Form von Blättern. Geöffnete Packungen in luftdichten Behältern oder Beuteln aufbewahren, sonst werden sie feucht und verlieren schnell ihr Aroma. *Wakame*, ein weicher Seetang, wird normalerweise getrocknet verkauft. Einige Minuten in Wasser eingeweicht geht er auf die fünffache Größe auf. Er hat ein feines Aroma und wird oft für *Miso* und Salate verwendet.

SESAMKÖRNER Sowohl schwarze als auch weiße Sesamkörner werden in der japanischen Küche verwendet. Sie sind kleiner, praller und öliger als die europäischen. Die weißen sind öliger als die schwarzen, letztere haben ein kräftigeres Aroma. Die Körner können geröstet oder natur direkt auf Reis gestreut werden. Die Hülsen sollten beim Essen zerbissen werden, um vom Nährwertgehalt der Körner zu profitieren. Ansonsten werden sie vom Körper nicht verwertet. *Suri Goma* (gemahlene geröstete Sesamkörner, S. 20) wird je nach Rezept mit weißen oder schwarzen Körnern zubereitet.

SHICHIMI TOGARASHI Diese Sieben-Gewürz-Mischung wird viel für Suppen und Grillgerichte verwendet und üblicherweise aus einer Mischung getrockneter Chilis, grüner Noriflocken, Sesamkörnern, *Sansho* (japanischem Pfeffer), Mohnsamen, getrocknetem Ingwer und getrockneter Orangenschale hergestellt.

SHISHITOU Eine kleine japanische grüne Chili, deren Geschmack weder sehr scharf noch sehr bitter ist.

SHISO auch unter den Namen Perilla, Schwarznessel und japanische Minze bekannt, ist ein einjähriges Kraut mit würzigen, grünen oder roten Blättern. Grüner *Shiso* dient als Garnierung für Salate, *Sashimi* oder Tofugerichte. Ersatzweise thailändisches oder italienisches Basilikum nehmen. Roter *Shiso* hat ein Anisaroma und wird für Pickles verwendet.

SHOYU Für japanische Gerichte immer *Shoyu* einer japanischen Marke nehmen, denn Sojasauce aus anderen Ländern unterscheidet sich stark im Geschmack. Es gibt auch salzreduzierte Produkte.

TAKENOKO Frische *Takenoko* (Bambussprossen) gibt es für kurze Zeit im Frühjahr. Einmal geerntet schmecken sie schnell bitter, weswegen sie in der Regel gekocht und vakuumverpackt verkauft werden. Frische Bambussprossen mit einer Handvoll *Nuka* (Reiskleie) in reichlich Wasser kochen. Sie sind gar, wenn Sie mit einem Spieß problemlos hineinstechen können. Abkühlen lassen und die Hautschichten entfernen, um das Innere der Sprosse freizulegen. Die weichen Innenhäute können mitgegessen werden.

TOFU, auch Bohnenquark genannt, wird aus der „Milch" von Sojabohnen hergestellt. Es gibt zwei Arten frischen Tofus: den weichen Seidentofu, der roh oder in Suppe gegessen wird, und den festen Schwammtofu, der für pfannengerührte Gerichte oder zerdrückt für herzhafte Kuchen verwendet wird. Vor der Verwendung Flüssigkeit aus der Packung abgießen. Für manche Gerichte muss man dem Tofu die Flüssigkeit entziehen. Dazu vor der Verwendung in Tücher einwickeln oder unter einem Gewicht (z. B. ein Schneidebrett) pressen. *Abura Age* kann anstelle von Fleisch verwendet werden. Den Tofu dann kurz vorkochen oder mit heißem Wasser abwaschen, um überschüssiges Öl zu entfernen, und ans köchelnde Gericht geben.

UMEBOSHI sind gesalzene Pflaumen, die mit Essig und Reisschnaps bis zu mehrere Monate eingelegt werden und oft für mehr Farbe und Geschmack mit rotem *Shiso* gemischt werden. Eingelegte Pflaumen werden meist pur oder mit gekochtem Reis gegessen. Die *Ume*-Pflaume ist enger mit der

Aprikose als mit der europäischen Pflaume verwandt und hat ein eher festes Fruchtfleisch. *Umeboshi* gilt in Japan als Wundernahrung und wird dort medizinisch eingesetzt. Es trägt zur Senkung des Cholesterolspiegels bei. In Reform- und Asialäden und manchmal auch im Supermarkt erhältlich.

UMESHU Dieser süße, mit der *Ume*-Aprikose aromatisierte Likör, wird oft kalt als Aperitif serviert.

WASABI ist nicht mit dem europäischen Meerrettich verwandt, wird aber oft als japanischer grüner Meerrettich bezeichnet. Die geriebene Wurzel wird für *Sashimi* oder *Sushi*-Dips mit *Shoyu* gemischt oder zu dem Dip gegeben, den man zu *Soba*-Nudeln reicht. *Wasabi* ähnelt Meerrettich im Geschmack, ist aber schärfer. Frischer *Wasabi* ist selten und auch in Japan schwierig erhältlich, aber *Wasabi* in Pulverform oder gemischt mit Meerrettich als Paste in Tuben sollten Sie problemlos finden.

YUZU Diese japanische Zitrusfrucht hat eine hellgelbe Schale und duftet intensiv nach Zitronen und Quitten. Mit der Schale garniert man klare Suppen, Pickles, langsam gegarte Gerichte und Nachspeisen.

ZA CAI In China ist dieses nach Szechuanart eingelegte Gemüse als Zachai bekannt. Es besteht aus den dicken Wurzeln eines senfähnliches Gemüses, das in Tontöpfen mehrere Jahre in Salz eingelegt und fermentiert wird. Vor der Verwendung das Salz abspülen. Das Gemüse hat einen ganz eigenen, pikanten Geschmack und wird zu würzigen Gerichten serviert.

Menü-Ideen

MENÜ FÜR 2
Marinierte Thunfisch-Sashimi 44
Langsam gegartes Rindfleisch mit Gemüse 100
Eiersuppe 26
Frisch gekochter Reis (weißer, brauner oder Körner-Reis-Mischung) 17
Frische Früchte der Saison

MENÜ FÜR DIE SCHLANKE LINIE FÜR 2
Klare Suppe mit Garnelen 24
Schweinefleisch-Wraps mit Gemüse und Pilzen 98
Hakusai-Hüttenkäse-Salat mit Goji-Beeren 112
Frisch gekochter Reis 17
Pflaumenlikör-Gelee mit Ingwer-Zitronen-Sorbet 156

MENÜ FÜR DIE SCHLANKE LINIE FÜR 4
Schwertfisch-Teriyaki mit Fruchtsauce 68
Frisch gekochter Reis 17
Tofu-Wakame-Salat mit Frühlingszwiebeln 104
Cremiger Tofu-Käsekuchen 148

FRÜHLINGS-MENÜ FÜR 4
Gegrillter Bambusschössling mit Kräutercreme 116
Yakitori-Hühnchen 33
Gedämpfte Venusmuscheln in Sake 75
Frisch gekochter Reis 17
Grüner Tee-Chiffon-Kuchen 150

SOMMER-MENÜ FÜR 4
Jakobsmuscheln-Carpaccio 47
Heller Hackbraten japanischer Art 85
Geschmorte kalte Auberginen 118
Sommerliche Somen-Nudeln 132
Schwarzes Sesameis mit Rote-Bete-Chips 152

HERBST-MENÜ FÜR 4
Gedämpfter Lachs aus der Folie mit Gemüse 80
Frisch gekochter Reis 17
Fünf-Gemüse-Pickle 110
Süße Kastanienknödel 144

WINTER-MENÜ FÜR 4
Gebratener Tofu in heißer Brühe 28
Würziges Hähnchen 94
Gurken-Algen-Salat 111
Rooibos-Pilauw mit Walnüssen 134
Gebackene Süßkartoffeln mit Apfelmus 154

MEERESFRÜCHTE-MENÜ FÜR 4
Gegrillte Meeresfrüchte-Spieße 67
Gegrillter Skorpionfisch mit Miso 74
Sushi-Bällchen aus Weißfisch 52
Feigenkuchen 146

VEGETARISCHES MENÜ FÜR 4
Crème Vichyssoise japanischer Art (mit vegetarischer Dashi-Brühe) 27
Gefüllter Kürbis 108
Pfannengerührte Bohnenkeimlinge mit Chili 114
Brauner Reis mit Pilzen und Edamame 124
Adukibohnen-Nuss-Kuchen 147

FLEISCH-MENÜ FÜR 4
Gedämpftes Schweinefilet in Sake-Marinade (als Vorspeise reicht die Hälfte der angegebenen Menge) 84
Lotusblüten und schwarze Bohnen in Currysauce 117
Steak mit Reistuben 97
Gemischter grüner Salat mit Sesamöl-Dressing *(siehe Knusprig gegrillte Leber)* 93
Ingwer-Zitronen-Sorbet *(nur das Sorbet vom Pflaumenlikör-Gelee mit Ingwer-Zitronen-Sorbet)* 156

SUSHI-SASHIMI-MENÜ FÜR 8
Weißer Sashimi-Salat 53
Marinierte Makrelen-Sushi 48
Gerollte Sushi 46
Sushi mit Garnierung aus gegartem Fisch 54
Gedämpfte Venusmuscheln in Sake 75
Japanische Crêperöllchen 151

EINTOPF-MENÜ FÜR 4–6 PERSONEN
Frittierte Whitebaits in Marinade 78
Ente-Lauch-Eintopf 91
Frisch gekochter Reis 17
Schwarzes Sesameis mit Rote-Bete-Chips 152

FESTLICHES MENÜ FÜR 10–15 PERSONEN
Sushi-Canapés 57
Gegrilltes Gemüse mit Tofu-Mayonnaise 32
Fischterrine mit grünem Dressing 37
Frühlingsrollen mit gegrillten Garnelen 70
Yakitori-Hühnchen (doppelte Menge) 33
Fleischbällchen im Reismantel 88
Sushi aus gekeimtem braunem Reis in Tofu-Taschen 58
Cremiger Tofu-Käsekuchen 148
Grüner Tee-Chiffon-Kuchen 150
Frische Früchte der Saison

Grundrezepte

Weißer Reis

Als Beilage reichen 125–150 g gekochter Reis pro Person aus. Für Sushi und andere Gerichte werden die benötigten Mengen jeweils in den Rezepten entsprechend angegeben. Wenn der Reis richtig gekocht wurde, sollten mehr als die Hälft der Reiskörner senkrecht stehen und zwischen den Körnern ein winziger Abstand sein.

ZUTATEN *210 g japanischer Reis oder weißer Kurzkornreis*

EINS Den Reis in einen Topf mit schwerem Boden geben und unter fließendem kalten Wasser waschen. Dabei den Reis mit den Händen rühren. Gründlich abtropfen lassen. Wiederholen und das Wasser 2- bis 3-mal wechseln. Gut abtropfen lassen und 260 ml Wasser hinzufügen. Mindestens 30 Min. oder über Nacht stehen lassen. **ZWEI** Topf fest zudecken und aufkochen. Hitze sofort reduzieren und ca. 12 Min. köcheln lassen, bis Sie ein leises Knistern hören. **DREI** Vom Herd nehmen und ohne Deckel weitere 10 Min. ruhen lassen. **VIER** Mit einem Reislöffel den Reis herausheben, wenn er benötigt wird.

Ergibt 600 g gekochten Reis

Brauner Reis

ist sättigender als weißer, weswegen hiervon in der Regel etwas kleinere Portionen ausreichend sind.

ZUTATEN *200 g brauner japanischer Reis oder brauner Kurzkornreis*

EINS Ebenso verfahren wie beim weißen Reis beschrieben (siehe oben), aber 500 ml Wasser verwenden. **ZWEI** Den Reis 40–45 Min. garen und 10 Min. ruhen lassen. Wieder auf das Knistern achten und vor dem Ende der Ruhezeit den Deckel nicht öffnen oder den Reis umrühren.

Ergibt etwa 600 g gekochten Reis

Sushi-Reis

ZUTATEN *250 g japanischer Reis oder Kurzkornreis* ‖ *ein Stück Konbu von 10 x 10 cm*

SUSHIZU (ESSIGMISCHUNG) *2 1/2 EL Reisessig* ‖ *1 1/2 EL Zucker* ‖ *1/2 TL Salz*

EINS Den Reis ebenso wie weißen waschen (S. 17), aber in ein Sieb abgießen und 30 Min. stehen lassen. **ZWEI** Den Reis mit 325 ml Wasser und dem Konbu in einen Topf geben und wie weißen Reis kochen. **DREI** Für die Essigmischung alle Zutaten in einem Krug oder einer Schüssel vermischen. **VIER** Den Reis in eine große Schüssel oder eine spezielle Sushi-Schüssel aus Holz geben. Konbu entfernen und die Hälfte der Essigmischung über den heißen Reis gießen. Reislöffel senkrecht halten und den Reis mit schneidenden Bewegungen mischen, so dass die Körner nicht zerdrückt werden. Wenn Ihnen jemand hilft, kann er den Reis fächern, damit er schneller abkühlt, was ihn glänzend macht. Die restliche Essigmischung darübergießen und wieder mischen. **FÜNF** Die Schüssel mit einem feuchten Tuch abdecken und bei Raumtemperatur abkühlen lassen.

Ergibt etwa 700 g gekochten Reis

Gari

Fertiger Gari ist im Handel erhältlich, aber oft mit einem Farbstoff versetzt, um ihm eine dunkelrosa Farbe zu geben. Das folgende Rezept verwendet keine Farbstoffe und das Pickle wird so hellrosa. Für eine kräftigere Farbe ein Stück Rote Bete zur Einmachflüssigkeit geben, wenn Sie den Topf vom Herd genommen haben. Die Rote Bete nach ein paar Stunden entfernen. Den zubereiteten Gari im Kühlschrank bis zu vier Wochen aufbewahren.

ZUTATEN *4 1/2 EL Reisessig* ‖ *2 EL Zucker* ‖ *2/3 TL Salz* ‖ *200 g frischer Ingwer, geschält und quer in feine Scheiben geschnitten*

EINS Essig, Zucker und Salz in einem Topf mischen und aufkochen. Ingwerscheiben hinzufügen und weitere 2 Min. bei mittlerer Hitze kochen. **ZWEI** Topf vom Herd nehmen und abkühlen lassen. **DREI** Gari in ein Glas mit Schraubverschluss oder einen Plastikbehälter mit Deckel geben und vor der Verwendung 24 Std. ziehen lassen, damit die Aromen sich entfalten können.

Ergibt 160 g

Dashi

Zwar bereitet man Dashi am besten immer frisch zu, aber Sie können übrig gebliebene Brühe als Eiswürfel einfrieren (innerhalb von vier Wochen verbrauchen). Die Brühe, die man nach Schritt zwei erhält, wird Ichiban dashi oder erste Brühe genannt und hat ein feineres Aroma. Diese Brühe für klare Suppen oder besondere Gerichte verwenden. Die zweite Brühe, Niban dashi, kann für alle Gericht mit Dashi verwendet werden.

ZUTATEN *1 Stück Konbu von 5 x 10 cm* | *30 g Kezuri Bushi*

EINS Konbu mit feuchtem Küchenpapier abreiben und mit einer Schere 3–4 Schlitze hineinschneiden. In einem Topf mit 1 l Wasser 30 Min. einweichen. Aufkochen und Konbu herausnehmen und beiseitestellen, wenn sich an den Rändern kleine Blasen zeigen. **ZWEI** Wasser wieder aufkochen und die Hälfte des Kezuri bushi hineingeben. Wenn das Wasser sprudelt, den Topf vom Herd nehmen. Brühe durch ein feines Sieb oder ein Musselintuch (dabei die Brühe nicht aus dem Tuch pressen) abseihen. **DREI** Noch 1 l Wasser sowie Konbu und Kezuri bushi, die für die erste Brühe verwendet wurden, erneut in den Topf geben. Aufkochen, auf niedrige Stufe schalten und 20 Min. köcheln lassen. **VIER** Den restlichen Kezuri bushi dazugeben und weitere 5 Min. köcheln lassen. Vom Herd nehmen und 5 Min. stehen lassen. Brühe durch ein Sieb abseihen und wie gewünscht verwenden.

Ergibt 2 l

Vegetarischer Dashi

Diese Version, die ohne die getrockneten Bonito-Flocken auskommt, kann für jedes Gericht verwendet werden, für das man Dashi braucht.

ZUTATEN *1 Stück Konbu von 10 x 20 cm*

EINS Konbu mit feuchtem Küchenpapier abreiben und mit einer Schere 3–4 Schlitze hineinschneiden. In einem Topf mit 1 l Wasser 1/2–1 Std. einweichen. **ZWEI** Aufkochen, Konbu herausnehmen und beiseitestellen, wenn sich an den Rändern kleine Blasen zeigen.

Ergibt 1 l

Suri Goma

Gemahlene und geröstete Sesamkörner werden für Sesamsaucen gebraucht, an Dressings gegeben oder über frisch gekochten Reis oder Nudeln gestreut. Am besten Suri Goma immer frisch zubereiten, denn das Aroma des Sesamöls geht innerhalb eines Tages verloren.

ZUTATEN ***1 EL weiße oder schwarze geröstete Sesamkörner***

EINS Surigoki und Suribachi (Mörser und Stößel) gründlich waschen und trocknen. **ZWEI** Sesamkörner im Mörser mit kreisförmigen Bewegungen zerreiben. **DREI** Nach ca. 5 Min. setzen die Körner ihr Öl langsam frei. Weiter zerreiben, bis eine feuchte aber krümelige Paste entsteht. Das dauert ungefähr 15 Min.

Ergibt 1 1/2 TL

Tsuyu, Rezept A

Diese Art Tsuyu wird als Suppe zu Nudeln gereicht.

ZUTATEN ***1 1/2 EL Mirin* | *1 1/2 EL Shoyu* | *1 TL Salz* | *20 g Kezuri Bushi* | *1 Stück Konbu von 5 x 10 cm***

EINS Mirin in einen großen Topf geben. 10 Sek. aufkochen, dann Shoyu, Salz und 1 l Wasser dazugeben. Einen Moment warten und Kezuri Bushi und Konbu dazugeben. Mischung ohne zu rühren 2 Min. blubbern lassen. **ZWEI** Topf vom Herd nehmen und die Mischung durch ein Musselintuch in eine Schüssel abseihen. Tuch nicht ausdrücken und warten, bis die ganze Flüssigkeit herausgetropft ist. Falls erforderlich wieder erhitzen.

Ergibt 4 Portionen

Tsuyu, Rezept B

Reichen Sie diese Version als Dip für Nudeln. Mit den Zutaten Ihrer Wahl zubereiten. Zum Servieren sollte das Tsuyu Raumtemperatur haben.

ZUTATEN *100 ml Mirin* | *100 ml Shoyu* | *20 g Kezuri Bushi*

EINS Mirin in einen großen Topf geben, für 10 Sek. aufkochen, dann auf niedrige Stufe schalten. Shoyu und Kezuri Bushi dazugeben. Um die Zutaten zu vermischen, Pfanne schwenken, statt zu rühren. **ZWEI** 400 ml Wasser dazugeben und wieder aufkochen. Sauce 3–4 Min köcheln lassen, vom Herd nehmen und wie bei Rezept A beschrieben durch ein Musselintuch abseihen.

Ergibt 4 Portionen

Beni Shoga

Die Farbe von eingelegtem Ingwer kann von hellrosa bis tiefrot reichen, je nachdem, ob der verwendete Umeshu roten Shiso enthält oder nicht. Zubereitet kann das Pickle im Kühlschrank bis zu 4 Wochen aufbewahrt werden. Nach 2 Tagen ist es fertig und kann als Zutat für Fleisch-, Fisch- oder Nudelgerichte verwendet werden. Den Apfel nach 2 Tagen herausnehmen, falls Sie die Variante mit Apfelwein verwenden.

ZUTATEN *250 g frischer Ingwer, geschält* | *20 g grobes Meersalz* | *1 EL Reisessig* | *250 ml Umeshu*

VARIANTE EINMACHFLÜSSIGKEIT *250 ml Apfelessig* | *1 EL Salz* | *1 Apfel, geviertelt*

EINS Ingwer, Salz und Essig in einen wasserdichten Plastikbeutel geben. Im Kühlschrank 1 Woche ziehen lassen. **ZWEI** Salz und überschüssige Flüssigkeit mit Küchenpapier vom Ingwer abreiben und Ingwer mit einem scharfen Messer oder einer Mandoline (mit einer Käsereibe wird es zu grob) in feine Stifte schneiden. **DREI** Ingwer in ein Glas mit Schraubverschluss füllen und Umeshu oder Apfelessig und Apfelstücke dazugeben.

Ergibt 450 g

Suppen und Vorspeisen

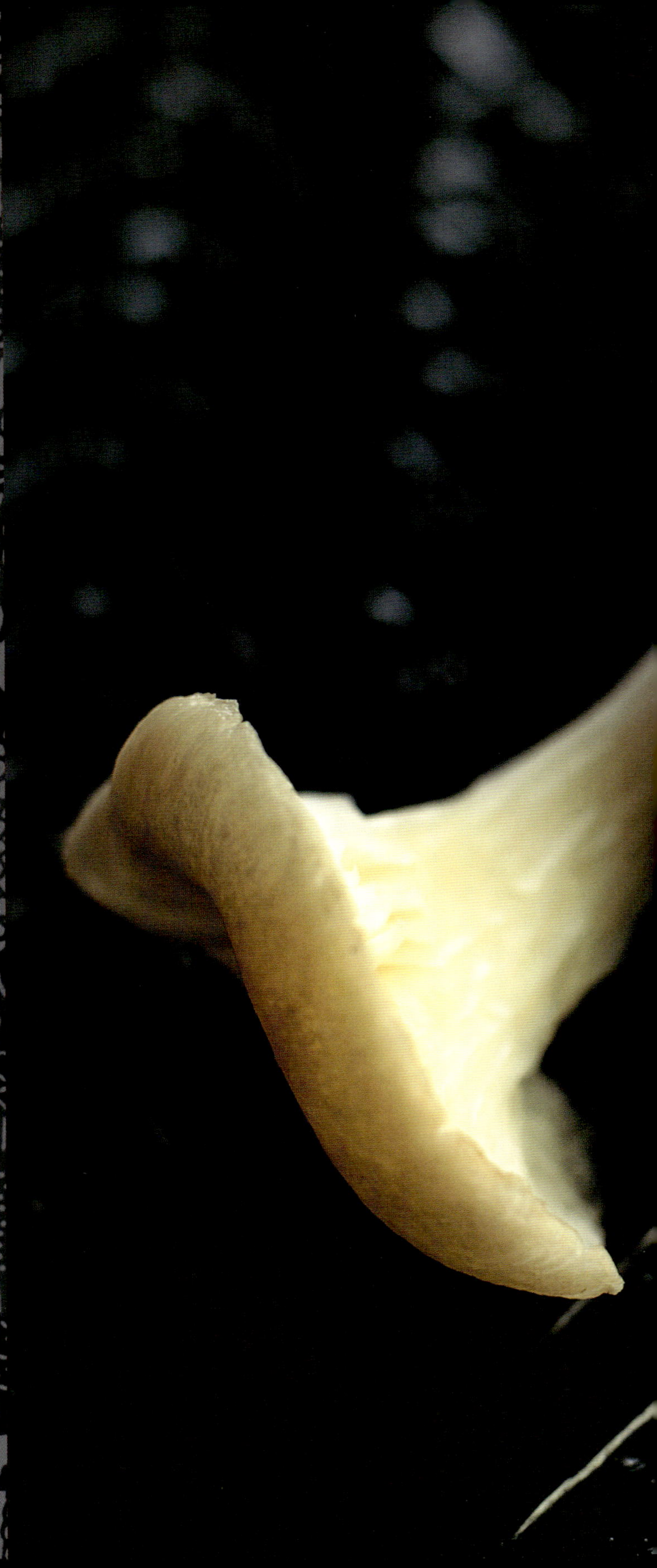

Klare Suppe mit Garnelen *Ebi no o-suimono*

Diese Suppe wird oft bei Festessen serviert, bei Hochzeiten oder an Silvester etwa. Mitsuba erinnert an glattblättrige Petersilie, hat aber ein intensiveres, feineres Aroma.

ZUTATEN *4 kleine rohe Riesengarnelen mit Köpfen ‖ 2 EL Sake oder trockener Sherry ‖ 20 g Daikon, geschält und in 4 Scheiben geschnitten ‖ 20 g Karotte, in 4 Scheiben geschnitten ‖ 600 ml Dashi (S. 19) ‖ 1 TL Shoyu ‖ 1/3 TL Salz*

ZUM GARNIEREN *1 Bund Mitsuba oder Schnittlauch, blanchiert ‖ Zesten von 1/4 Zitrone*

EINS Garnelen in eine Pfanne geben und 1 EL Sake gemischt mit 1 EL Wasser darübergeben. Garnelen bei mittlerer Hitze garen, bis sich die Schalen rot gefärbt haben. Aus der Pfanne nehmen und abkühlen lassen. Schälen, aber Köpfe und Schwänze an den Garnelen lassen. **ZWEI** Daikon und Karotte in einen Topf geben und mit Wasser bedecken. Aufkochen, 3 Min. garen, Daikon und Karotte entfernen. **DREI** Die Brühe aufkochen und Shoyu, restlichen Sake und Salz dazugeben. **VIER** Gemüse in vier Suppenschalen füllen. In jede eine Garnele legen und die heiße Suppe darübergießen. Mit Mitsuba-Blättern und Zitronenzesten garnieren und sofort servieren.

Ergibt 4 Portionen

NÄHRWERTE JE PORTION 72 kJ – 17 kcal – 1 g Protein – 1 g Kohlenhydrate – 0,5 g Zucker – 0 g Fett – 0 g gesättigte Fettsäuren – 0 g Ballaststoffe – 320 mg Natrium

GESUNDHEITSTIPP Fett ist der Bestandteil unserer Nahrung, in dem Kalorien am konzentriertesten vorkommen. Diese leckere Suppe ist fettfrei und hat daher sehr wenige Kalorien.

Eiersuppe *Kakitama jiru*

Die Eier schwimmen wie anmutige, hellgelbe Blüten auf der Suppe. Eingedickt wird sie mit Pfeilwurz. Eine feine, aber schnell gemachte Suppe, die in Japan zu Hause serviert wird. Die Sprossen von grünen und Buschbohnen, wie sie für Salate oder pfannengerührte Gerichte verwendet werden, finden Sie auf Bauernmärkten oder bei gut sortierten Gemüsehändlern.

ZUTATEN *1 l Dashi (S. 19) ‖ 1 TL Salz ‖ 1 TL Pfeilwurz oder Speisestärke ‖ 4 Eier, verquirlt ‖ 100 g Blätter von Bohnensprösslingen oder Feldsalat ‖ 1 TL Saft von ca. 5 cm frischem Ingwer, geschält, gerieben und gepresst*

EINS Brühe in einen Topf geben, aufkochen und Salz dazugeben. Pfeilwurz mit 1 EL Wasser mischen, an die Brühe geben und gut verrühren. **ZWEI** Temperatur auf mittlere Stufe schalten und ohne Deckel 1–2 Min. ruhen lassen, bis die Suppe eingedickt ist. Währenddessen brauchen Sie nicht zu rühren. **DREI** Nun die Suppe so rühren, dass ein Strudel entsteht, die Eier langsam hineingleiten lassen. 2 Min. garen, bis die Eier stocken. **VIER** Blätter der Bohnensprösslinge und Ingwersaft dazugeben, untermischen und sofort servieren.

Ergibt 4 Portionen

NÄHRWERTE JE PORTION 370 kJ – 89 kcal – 7 g Protein – 2 g Kohlenhydrate – 0 g Zucker – 6 g Fett – 2 g gesättigte Fettsäuren – 0 g Ballaststoffe – 630 mg Natrium

GESUNDHEITSTIPP Eier sind eine gute Proteinquelle. Das Eigelb liefert Eisen und Vitamin A und D.

Crème Vichyssoise japanischer Art *Tonyu hiyashi-jiru*

Im Hochsommer können in Japan am späten Vormittag die Temperatur und Luftfeuchtigkeit ins Unerträgliche steigen. Kalte Suppen sind nicht nur durstlöschend und abkühlend, sondern sorgen auch dafür, dass man genügend Nahrung zu sich nimmt, auch wenn man aufgrund des Wetters keinen Appetit verspürt.

ZUTATEN *1 EL Pflanzenöl ‖ 1 Knoblauchzehe, gepresst ‖ 1/2 Zwiebel, grob gehackt ‖ 400 g Kartoffeln, in 5 mm breite Scheiben geschnitten ‖ 200 ml Dashi (S. 19) ‖ 1 getrocknetes Lorbeerblatt ‖ 300 ml ungesüßte Sojamilch ‖ 1 EL weißer oder gelber Miso ‖ einige Stängel Schnittlauch, fein gehackt, zum Garnieren*

EINS Öl in einer mittelgroßen beschichteten Pfanne erhitzen und Knoblauch andünsten, bis er gerade weich ist. Zwiebel und Kartoffeln hineingeben und 3 Min. anbraten. **ZWEI** Brühe und Lorbeerblatt in die Pfanne geben, abdecken und bei schwacher Hitze garen, bis die Kartoffeln weich sind. **DREI** Mischung mit Sojamilch und Miso in die Küchenmaschine geben. Zerkleinern, bis eine glatte Suppe entstanden ist. Abkühlen lassen und in den Kühlschrank stellen. Kalt mit Schnittlauch bestreut servieren.

Ergibt 4 Portionen

NÄHRWERTE JE PORTION 580 kJ – 138 kcal – 5 g Protein – 20 g Kohlenhydrate – 2 g Zucker – 5 g Fett – 1 g gesättigte Fettsäuren – 2 g Ballaststoffe – 180 mg Natrium

GESUNDHEITSTIPP Vitamin C sitzt bei Kartoffeln unter der Schale. Schälen Sie daher die Kartoffeln so dünn wie möglich, damit die Vitamine nicht verloren gehen.

Gebratener Tofu in heißer Brühe *Agedashi tofu*

Die knusprige Umhüllung des Tofu, getränkt in feiner Dashi-Brühe, macht dieses Gericht so köstlich und nahrhaft. Seidentofu eignet sich besser, aber Sie können gegebenenfalls auch Schwammtofu nehmen. Für eine helle Brühe *Usukuchi-Shoyu* (helle Sojasauce) verwenden.

ZUTATEN *280 g Seidentofu* ‖ *500 g Daikon, geschält* ‖ *5 cm frischer Ingwer, geschält und gerieben* ‖ *4 EL Pfeilwurz oder Speisestärke* ‖ *1 Prise Salz* ‖ *Pflanzenöl zum Frittieren* ‖ *1 Frühlingszwiebel (nur den grünen Teil), fein gehackt*

FÜR DIE BRÜHE *200 ml Dashi (S. 19)* ‖ *50 ml Shoyu* ‖ *50 ml Mirin* ‖ *$1\frac{1}{2}$ EL Sake*

EINS Tofu in ein sauberes Geschirrtuch wickeln und mit einem Schneidebrett oder einem anderen Gewicht beschweren, um so das überschüssige Wasser auszupressen. Das dauert etwa 30 Min. Sie sollten das Geschirrtuch einmal wechseln. Alternativ Tofu für 1 Min. (bei 700 W) in die Mikrowelle geben. Tofu in 5-cm-Würfel schneiden. **ZWEI** Für die Brühe alle Zutaten in einem Topf mit schwerem Boden mischen. Erhitzen aber nicht aufkochen und warm halten. **DREI** Den Daikon mit einem Oroshi-Gane reiben. Den Saft aus dem Daikon pressen und wegschütten. Das Fruchtfleisch zu 4 kleinen Kegeln formen. Auf jeden $\frac{1}{4}$ des geriebenen Ingwers geben. **VIER** Pfeilwurz und Salz mischen und die Tofu-Würfel damit bestäuben. Eine große beschichtete Pfanne 2,5 cm hoch mit Öl füllen und auf 170 °C erhitzen. Tofu frittieren, bis die Außenseite knusprig-gold ist und auf Küchenpapier abtropfen lassen. **FÜNF** Tofu auf vier Schalen verteilen und mit einem Daikon-Kegel und einigen Frühlingszwiebeln garnieren. In jede Schale heiße Brühe gießen und sofort servieren.

Ergibt 4 Portionen

NÄHRWERTE JE PORTION 1037 kJ – 247 kcal – 8 g Protein – 32 g Kohlenhydrate – 1 g Zucker – 9 g Fett – 1 g gesättigte Fettsäuren – 0 g Ballaststoffe – 770 mg Natrium

GESUNDHEITSTIPP Tofu enthält viel Protein und ist reich an Kalzium, das wichtig für Wachstum und Erhalt des Knochengerüsts ist.

Sanft gegarter Daikon mit Hähnchensauce *Furohuki daikon tori soboro kake*

Langsam gegarter Daikon ist ein traditionelles japanisches Gemüsegericht. Diese modernisierte Version wird mit einer Sauce aus weißem Fleisch und unter einer knusprigen Filo-Haube serviert. Nehmen Sie einen dicken Daikon von etwa 20 cm Länge.

ZUTATEN *1 Stück Konbu von 2,5 x 2,5 cm ‖ 1 großer Daikon, dick abgeschält und in 5-cm-Stücke geschnitten ‖ 1 EL ungekochter weißer Reis ‖ 100 ml Sake ‖ 200 g Hähnchenschenkel ohne Haut und Knochen, zerkleinert ‖ 5 cm frischer Ingwer, geschält und fein gehackt ‖ 100 ml weißer oder gelber Miso ‖ 50 g Walnüsse, fein gehackt ‖ 2 Filo-Blätter, je 30 x 30 cm ‖ 2 TL Mayonnaise ‖ 1 TL Milch ‖ 1/2 Nori-Blatt, in feine Streifen geschnitten*

EINS Konbu in einen Topf mit schwerem Boden geben und Daikon darauflegen. Mit Wasser bedecken, Reis dazugeben und aufkochen. Hitze sofort reduzieren und ohne Deckel 30 Min. köcheln lassen. Mit einem Spieß testen, ob der Daikon gut durch ist, und abkühlen lassen. **ZWEI** Sake in einen anderen Topf geben und aufkochen. Fleisch und Ingwer dazugeben und bei mittlerer Hitze unter Rühren garen. Wenn die Flüssigkeit fast ganz verdampft ist, Miso und Walnüsse hinzufügen und gut vermischen. **DREI** Die Filo-Blätter in insgesamt 16 kleine Quadrate teilen. Diese sollten größer als die Daikon-Stücke sein. Mayonnaise und Milch vermischen und jedes Filo-Quadrat mit der Mischung bestreichen. Die Nori-Streifen darüberstreuen und je 4 Filo-Quadrate übereinanderschichten. Auf ein leicht geöltes Backblech legen und unter dem heißen Grill knusprig grillen. Abkühlen lassen. **VIER** Daikon auf vier Tellern anrichten und Hähnchensauce darübergeben. Mit den Filo-Quadraten garnieren und sofort servieren.

Ergibt 4 Portionen

NÄHRWERTE JE PORTION 1490 kJ – 358 kcal – 18 g Protein – 25 g Kohlenhydrate – 1 g Zucker – 18 g Fett – 2 g gesättigte Fettsäuren – 1 g Ballaststoffe – 1145 mg Natrium

GESUNDHEITSTIPP Wenn Sie eine fettreduzierte Mayonnaise nehmen, wird das Gericht fettärmer und hat somit auch weniger Kalorien.

Gegrilltes Gemüse mit Tofu-Mayonnaise *Yaki yasai moriawase*

Die kalorienarme Tofu-Mayonnaise, die zum Gemüse serviert wird, hat einen viel feineren Geschmack als die übliche Eier-Öl-Version und passt perfekt zum knusprigen Gemüse.

ZUTATEN *1 große Süßkartoffel, in 5 mm breite Scheiben geschnitten ‖ 125 Maitake, in Streifen gezupft ‖ 2 lange, schmale oder 1 runde Aubergine, in 5 mm breite Scheiben geschnitten ‖ 16 Mini-Zucchini, längs halbiert ‖ 1 EL Walnussöl ‖ 1/2 TL Salz ‖ 1 Knoblauchknolle ‖ 16 Kumquats, halbiert ‖ zerstoßener schwarzer Pfeffer zum Servieren (nach Belieben)*

TOFU-MAYONNAISE *125 g Tofu ‖ 4 EL Walnussöl ‖ 4 EL Reisessig ‖ 1/3 TL Salz ‖ 1/2 TL Senfpulver*

EINS Für die Mayonnaise Tofu abgießen und 30 Min. in Küchenpapier einwickeln. Tofu mit Öl, Essig, Salz und Senfpulver in der Küchenmaschine glatt mixen und bis zum Gebrauch im Kühlschrank aufbewahren. **ZWEI** Süßkartoffeln, Pilze, Auberginen und Zucchini in einen großen Plastikbeutel geben. Walnussöl und Salz dazugeben und Gemüse im Beutel wenden, sodass es leicht mit Öl überzogen wird. **DREI** Knoblauchknolle in Zehen zerteilen aber nicht schälen. Gemüse aus dem Beutel nehmen und zusammen mit den Kumquats und dem Knoblauch in einer Griddle-Pfanne oder auf dem Grill garen. Alternativ im vorgeheizten Ofen bei 230 °C (Gas Stufe 8) backen. Die Süßkartoffeln brauchen etwa 30 Min., das übrige Gemüse 10–15 Min. **VIER** Den gegarten Knoblauch aus der Schale pressen. Gemüse und Kumquats auf einer großen Platte anrichten und nach Belieben mit schwarzem Pfeffer und einer kleinen Schale der Mayonnaise als Dip servieren.

Ergibt 4 Portionen

NÄHRWERTE JE PORTION 1344 kJ – 320 kcal – 8 g Protein – 37 g Kohlenhydrate – 16 g Zucker – 17 g Fett – 2 g gesättigte Fettsäuren – 5 g Ballaststoffe – 320 mg Natrium

GESUNDHEITSTIPP Walnussöl enthält viele mehrfach ungesättigte Fettsäuren, die dem Schutz vor Herzinfarkten und möglicherweise einigen Krebsarten dienen.

Yakitori-Hühnchen *Yakitori*

Dieses Gericht wird oft mit einem ähnlichen aus Südostasien verwechselt, aber das japanische Yakitori wird nicht mit Erdnusssauce gegessen. Das Hühnchen wird entweder mit einer spritzigen Shoyusauce gegrillt oder nur mit etwas Salz und Zitronensaft besprenkelt gebraten.

ZUTATEN *500 g Hähnchenschlegel mit Haut, in 48 Stücke geschnitten ‖ 2 EL Sake ‖ 12 Frühlingszwiebeln, in 2,5 cm lange Stücke geschnitten ‖ 16 Shishitou, nach Belieben ‖ Shichimi Togarashi zum Servieren*

TERIYAKISAUCE *3 EL Shoyu ‖ 2 EL Mirin ‖ 1 EL Sake ‖ Saft von 2,5 cm frischem Ingwer, geschält, gerieben und ausgepresst*

EINS 20 Bambusspieße über Nacht in Wasser einweichen. Für die Teriyakisauce Shoyu, Mirin und Sake in einem Topf mischen und für 20 Sek. aufkochen. Herd auf niedrige Stufe schalten und 15 Min. köcheln lassen. Die Mischung sollte dann auf 1/3 eingekocht und leicht klebrig sein. Sauce in ein Glas mit Schraubverschluss füllen. Sie hält sich im Kühlschrank bis zu einer Woche. **ZWEI** Fleisch mit dem Sake in einen großen Plastikbeutel füllen. Fleisch wenden, bis es mit Sake überzogen ist, und 1 Std. im Kühlschrank marinieren. **DREI** Auf 16 Spieße jeweils mehrere Fleischstücke und ein paar Frühlingszwiebeln stecken. Nach Belieben je 4 Chilis auf die 4 übrigen Spieße stecken und beiseitestellen. **VIER** Spieße unter dem vorgeheizten Grill 15–25 Min. garen. Dabei wenden und mit ca. 6 EL der Teriyakisauce bestreichen. Alternativ die Spieße in einer leicht geölten Griddle-Pfanne über dem Holzkohlegrill grillen. Dann ebenfalls mit Sauce bestreichen. Heiß mit Shichimi togarashi servieren.

Ergibt 16–20 Spieße oder 4 Portionen

NÄHRWERTE JE PORTION 837 kJ – 200 kcal – 17 g Protein – 2 g Kohlenhydrate – 1 g Zucker – 12 g Fett – 3 g gesättigte Fettsäuren – 0 g Ballaststoffe – 716 mg Natrium

GESUNDHEITSTIPP Wenn Sie das Hähnchen mit Haut zubereiten, wird es schön saftig. Wenn Sie aber den Kaloriengehalt des Gerichts reduzieren wollen, sollten Sie die Haut nicht mitessen.

Misosuppe mit Schweinefleisch und Gemüse

Tonjiru Herrlich weiche Satoimo, saftiges Schweinefleisch und zarte Stücke Seidentofu ergeben eine abwechslungsreiche Einlage zu dieser sättigenden Suppe. Manche Misosorten sind salziger als andere, dementsprechend sollten Sie die verwendete Menge anpassen. Anstelle von Bauch oder Haxe können Sie ungeräucherten Speck nehmen. Mit einer Schale frisch gekochtem Reis und einigen Pickles ergibt die Suppe ein leichtes Mittagessen.

ZUTATEN *200 g Satoimo, Taro oder Yams ‖ 1 TL Sesamöl ‖ 200 g Schweinebauch oder -haxe, in feinen Streifen ‖ 100 g Daikon, geschält und in dicke Würfel geschnitten ‖ 1 große Karotte, in dicke Würfel geschnitten ‖ 100 g Atsuage (frittierter Tofu in dicken Scheiben) ‖ 1 l Dashi (S. 19) ‖ 4–6 EL roter oder brauner Miso ‖ 2 Frühlingszwiebeln, fein gehackt ‖ Shichimi togarashi zum Servieren*

EINS Satoimo schälen und mit Wasser abspülen. 5 Min. angaren, abgießen und den klebrigen Saft abspülen. In 8 mm dicke Halbkreise schneiden. **ZWEI** Sesamöl in einem Topf mit schwerem Boden erhitzen und das Fleisch bei großer Hitze 2 Min. braten. Daikon, Karotte, Satoimo und Atsuage dazugeben und unter Rühren 3 Min. garen. **DREI** Brühe dazugeben und aufkochen. Hitze reduzieren und ca. 5 Min. köcheln lassen, bis das Gemüse durch, aber nicht zu weich ist. **VIER** Miso nach Geschmack unterrühren. Frühlingszwiebeln darüberstreuen und die Suppe heiß mit Shichimi togarashi servieren.

Ergibt 4 Portionen

NÄHRWERTE JE PORTION 994 kJ – 236 kcal – 19 g Protein – 19 g Kohlenhydrate – 3 g Zucker – 10 g Fett – 2 g gesättigte Fettsäuren – 4 g Ballaststoffe – 917 mg Natrium

GESUNDHEITSTIPP Das Gemüse in dieser Suppe liefert reichlich Ballaststoffe, die gut für den Darm sind und vor Darmkrebs schützen.

Fischterrine mit grünem Dressing *Sakana no terinu*

Weißfisch und Jakobsmuscheln werden zu einer samtig-cremigen Terrine kombiniert. Verwenden Sie möglichst einen Oroshi-Gane, um den Daikon für das Dressing zu reiben, weil so die nährstoffreichen Säfte erhalten bleiben.

ZUTATEN *14 grüne und 10 weiße Spargel, geputzt und kurz blanchiert*

TERRINE *180 g Seezungen- oder Buttfilet, gehäutet ‖ 180 g Jakobsmuscheln ohne Schale ‖ 2 Eier, verquirlt ‖ 270 ml Crème fraîche ‖ 1 TL Brandy ‖ 1/2 TL Salz zum Abschmecken*

DRESSING *3 EL Zitronensaft ‖ 4 1/2 EL Olivenöl, zzgl. etwas zum Einfetten ‖ 1/2 TL Salz ‖ 30 g Daikon, gerieben*

EINS Für die Terrine alle Zutaten außer dem Salz in der Küchenmaschine mixen. Mit Salz abschmecken. **ZWEI** Eine Terrinenform (1,2 l) mit etwas Öl auspinseln und 1/4 der Mischung hineingießen. Ca. 4 grüne Spargelstangen für das Dressing beiseitelegen und 1/3 der übrigen Stangen auf der Terrine anrichten. Mehr von der Terrinenmischung daraufgeben. Weiter Schichten bilden, bis die Form gefüllt ist. Mit hitzebeständiger Frischhaltefolie abdecken. **DREI** Terrine in einen Dampfgarer stellen und bei niedriger Hitze 30 Min. garen. Alternativ die Form auf ein zur Hälfte mit Wasser gefülltes Backblech stellen und im vorgeheizten Ofen bei 180 °C (Gas Stufe 4) 45–60 Min. garen. Abkühlen lassen. **VIER** Den restlichen Spargel pürieren und in eine Schüssel passieren. Die Zutaten für das Dressing dazugeben und vermischen. **FÜNF** Die kalte Terrine vorsichtig in Scheiben schneiden und mit dem Dressing servieren.

Ergibt 6–8 Portionen

NÄHRWERTE JE PORTION 1486 kJ – 359 kcal – 17 g Protein – 4 g Kohlenhydrate – 3 g Zucker – 30 g Fett – 14 g gesättigte Fettsäuren – 1 g Ballaststoffe – 434 mg Natrium

GESUNDHEITSTIPP Olivenöl enthält viele einfach ungesättigte Fettsäuren, die vor Herz-Kreislauf-Erkrankungen schützen.

Herzhafter Flan *Chawan mushi*

In Japan wird dieses Gericht anstelle von Suppe als Vorspeise serviert und macht sich gut als erster Gang an einem kalten Herbst- oder Wintertag. Die pikante Eiermischung wird sanft gegart und so zu einer sahnigen festen Creme, in der Garnelen- und Ginkgonussstücke versteckt sind.

ZUTATEN *1 EL Shoyu ‖ 100 g Hähnchenbrust ohne Haut, in mundgerechte Stücke geschnitten ‖ 3 Eier, verquirlt ‖ 500 ml Dashi (S. 19) ‖ 1 EL Salz ‖ 12 geschälte Ginkgonüsse (frisch oder aus der Dose) ‖ 50 g Shimeji, geputzt ‖ 12 gegarte Garnelen ‖ 8 Zuckerschoten, in Salzwasser blanchiert*

EINS 1/2 TL Shoyu auf das Fleisch träufeln und 10 Min. ziehen lassen. **ZWEI** Die Eier mit der Brühe in einer Schüssel vermengen und Salz und restlichen Shoyu unterrühren. Mischung in einen großen Krug abseihen. **DREI** Ginkgonüsse, Pilze, Fleisch und Garnelen auf vier Schalen, Teetassen oder Flan-Förmchen verteilen. **VIER** Reichlich Wasser in einem Dampfgarer erhitzen und die Förmchen hineinstellen. Die Eiermischung vorsichtig darübergießen. Dampfgarer mit einem Geschirrtuch abdecken und Deckel aufsetzen. Bei hoher Hitze 2 Min. dämpfen, dann für weitere 10 Min. auf die niedrigste Stufe herunterschalten. Alternativ einen Topf mit schwerem Boden mit einem Geschirrtuch auslegen. 2,5 cm hoch mit Wasser füllen und aufkochen. Schälchen einzeln mit hitzebeständiger Frischhaltefolie abdecken und vorsichtig in den Topf stellen. Abdecken und wie beim Dampfgarer beschrieben verfahren. **FÜNF** Mit einem Zahnstocher in die Mitte des Flans stechen: Bleibt er stehen, ist der Flan gar. Mit Zuckerschoten garnieren und heiß servieren.

Ergibt 4 Portionen

NÄHRWERTE JE PORTION 520 kJ –124 kcal – 14 g Protein – 1 g Kohlenhydrate – 0 g Zucker – 7 g Fett – 2 g gesättigte Fettsäuren – 1 g Ballaststoffe – 820 mg Natrium

GESUNDHEITSTIPP Proteine bestehen aus Aminosäuren. Das in Eiern enthaltene Protein enthält viele der sogenannten essenziellen Aminosäuren, die der Körper nicht selbst herstellen kann.

Sushi und Sashimi

登録
藤次郎作
DP
TOJIRO
JAPAN

Handgerollte Sushi *Temaki-zushi*

Temaki Sushi funktioniert wie ein Buffet. Probieren Sie möglichst viele verschiedene Füllungen aus – von den klassischen Sushi-Zutaten bis hin zu solchen, die man eher für ein Sandwich nimmt, wie geräucherten Lachs, Käse, Schinken, Roastbeef oder Hähnchen.

ZUTATEN *400 g von mindestens 3 verschiedenen Fischfilets und Meeresfrüchten wie Thunfisch, Gelbschwanz, Lachs, Brasse, Makrele, Tintenfisch und große gekochte Garnelen* ‖ *1 Avocado, geschält und ohne Kern* ‖ *2 TL Zitronensaft* ‖ *1/2 Salatgurke, in 0,5 x 8 cm Stiften* ‖ *2 Frühlingszwiebeln, halbiert und in feinen Streifen* ‖ *4 Shiso-Blätter, in feinen Streifen* ‖ *600 g frisch gegarter Sushi-Reis (S. 18)* ‖ *10 Nori-Blätter* ‖ *4 Weizenmehl-Tortillas*

ZUM SERVIEREN *Mayonnaise* ‖ *Wasabi (nach Belieben)* ‖ *Shoyu* ‖ *Gari (S. 18)*

EINS Für die Füllungen Fisch häuten und Filets in 1 x 3 cm große Stücke schneiden. Dabei möglichst quer zu den Fasern schneiden. Verfahren Sie bei Makrelen wie auf S. 48 beschrieben. Das Filet in ebenso große Stücke wie den anderen Fisch schneiden. **ZWEI** Avocado in 5 mm breite Stücke schneiden und mit Zitronensaft beträufeln. Alle Sushi-Zutaten auf einem großen Tablett anrichten und bis zum Servieren in den Kühlschrank stellen. **DREI** Sushi-Reis in eine große Schüssel füllen. Geben Sie jedem Gast 2 kleine Teller, einen für die gerollten Sushi und einen für den Shoyu-Dip. Kurz vor dem Servieren Nori-Stücke und Tortilla vierteln. **VIER** Für die Sushi ein Stück Nori oder Tortilla auf einen Teller legen und mit 1–2 TL Reis bestreichen. Eine Schicht Mayonnaise oder Wasabi daraufgeben. 2–3 Füllungen wie Thunfisch und Shiso-Blätter oder Gurke und Lachs quer auf den Reis legen. Nori oder Tortilla mit der Füllung kegelförmig aufrollen, so wie man einen Blumenstrauß einpackt. Die fertigen Sushis in Shoyu dippen. Knabbern Sie zwischen den einzelnen Rollen etwas Gari, um den Gaumen zu reinigen.

Ergibt 4–6 Portionen

NÄHRWERTE JE PORTION 2077 kJ – 493 kcal – 33 g Protein – 70 g Kohlenhydrate – 5 g Zucker – 11 g Fett – 2 g gesättigte Fettsäuren – 3 g Ballaststoffe – 1260 mg Natrium

GESUNDHEITSTIPP Makrele enthält viel Fett, das jedoch reichlich Omega-3-Fettsäuren liefert.

Marinierte Thunfisch-Sashimi *Maguro butsu*

Fragen Sie Ihren Fischhändler, ob der Thunfisch frisch genug ist, um ihn roh zu essen. Besser nimmt man keinen abgepackten Thunfisch, der manchmal im Supermarkt erhältlich ist, weil man dann die Frische nur schwer überprüfen kann. Sashimi kann man als Vorspeise oder mit einer Schüssel Reis und anderen kleinen Gerichten als Hauptspeise servieren. Alle Zutaten müssen bis zum Servieren kühl gestellt werden.

ZUTATEN *1/2–3 TL Wasabi* ‖ *3 EL Shoyu* ‖ *450 g frisches Thunfischsteak, in Würfel von 2 cm geschnitten* ‖ *1/2 Nori-Blatt, in feine Streifen geschnitten* ‖ *1/2 große Gurke, in Stifte geschnitten* ‖ *1 Packung Kresse* ‖ *4 Shiso-Blätter, in feine Streifen geschnitten*

EINS Wasabi in eine Schüssel geben und Shoyu hinzufügen. Gründlich verrühren. Thunfisch dazugeben und 5 Min. marinieren. Nori-Streifen dazugeben. **ZWEI** Flüssigkeit aus der Gurke pressen und Gurkenstifte mit Kresse und Shiso-Blättern mischen. Auf vier Teller oder kleine Schüsseln verteilen und den Thunfisch auf dem Gemüse anrichten. Sofort servieren.

Ergibt als Vorspeise 4 Portionen

NÄHRWERTE JE PORTION 710 kJ – 169 kcal – 29 g Protein – 2 g Kohlenhydrate – 1 g Zucker – 5 g Fett – 1 g gesättigte Fettsäuren – 1 g Ballaststoffe – 927 mg Natrium

GESUNDHEITSTIPP Auch wenn man Thunfisch als fetten Fisch einstufen kann, ist der Fettgehalt doch nicht sehr hoch und besteht überwiegend aus mehrfach ungesättigten Fettsäuren. Thunfisch ist außerdem eine gute Proteinquelle.

Gerollte Sushi *Hosomaki*

Mischen Sie, bevor Sie anfangen, 1 EL Reisessig mit 500 ml Wasser, um so ein Tezu herzustellen, in das Sie Ihre Finger tauchen können.

ZUTATEN *4 Nori-Blätter, halbiert* ‖ *600 g frisch gekochter Sushi-Reis (S. 17)* ‖ *1/2 Takuan, ca. 10 cm lang, in 1 cm breite Streifen geschnitten* ‖ *1/2 Bund Schnittlauch* ‖ *8 Shiso-Blätter, längs halbiert* ‖ *250 g Thunfischfilet, längs in 1 cm lange Streifen geschnitten* ‖ *2 EL geröstete Sesamsamen*

ZUM SERVIEREN *Gari (S. 18)* ‖ *Shoyu* ‖ *1 EL Wasabi (nach Belieben)*

EINS Ein Makisu mit den Bambusstäbchen parallel zu Ihnen auf die Arbeitsfläche legen. Ein Nori-Blatt mit der glänzenden Seite nach unten auf die Matte legen, sodass der Rand mit dem zu Ihnen zeigenden Rand der Matte abschließt. 75 g Reis auf das Nori-Blatt geben, Finger anfeuchten und den Reis verteilen. Am oberen Ende 5 mm frei lassen. Mit den Fingern in der Mitte quer eine Furche ziehen und 1/4 des Takuan und Schnittlauch hineingeben. **ZWEI** Das zu Ihnen zeigende Mattenende anheben und die Füllung mit den beiden Ringfingern festhalten. Matte aufrollen, bis der zu Ihnen zeigende Rand die freie Stelle am oberen Ende berührt. Matte mit beiden Händen halten, Rolle fest ziehen und die Matte etwas von der Sushi-Rolle lösen. Bis zum Ende der Matte weiterrollen. Insgesamt 4 Rollen herstellen. **DREI** Die Matte mit Frischhaltefolie bedecken. Ein Stück Nori darauflegen und mit Reis bestreichen. Umdrehen, sodass der Reis nach unten zeigt. **VIER** Ein Shiso-Blatt in 2,5 cm Abstand vom vorderen Rand legen, Thunfischstücke darauflegen und aufrollen, sodass eine Rolle entsteht, bei der der Reis nach außen zeigt. Insgesamt 4 Rollen herstellen. Außen mit Sesamkörnern überziehen. **FÜNF** Rollen in je 6 Stücke teilen und mit Gari, Shoyu und Wasabi servieren.

Ergibt 48 Stück, 4 Portionen

NÄHRWERTE JE PORTION 1373 kJ – 326 kcal – 22 g Protein – 46 g Kohlenhydrate – 4 g Zucker – 7 g Fett – 1 g gesättigte Fettsäuren – 2 g Ballaststoffe – 667 mg Natrium

GESUNDHEITSTIPP Die Kombination aus proteinreichem Thunfisch und stärkehaltigem Reis erhöht den Nährwert beider Nahrungsmittel.

Jakobsmuschel-Carpaccio *Hotate Sashimi*

Schmelzend-zarte Jakobsmuscheln, frisch und roh serviert, kitzeln den Gaumen. Den Rogen für ein pfannengerührtes Gericht verwenden.

ZUTATEN *125 g grüne Trauben, geschält und ohne Kerne ‖ 8 Jakobsmuscheln, in je 3–4 Scheiben geschnitten ‖ 1 EL Pflanzenöl ‖ 50 g geröstete Mandelhobel ‖ 60 g Himbeeren, püriert (ggf. tiefgekühlte auftauen) ‖ 2 EL gehackter Schnittlauch*

DRESSING *6 EL Himbeeressig ‖ 1 EL Sake ‖ 4 EL Pflanzenöl ‖ 1/8 Zwiebel, gerieben oder fein gehackt ‖ 1 EL Honig ‖ 1/2 TL gemahlene weiße Pfefferkörner ‖ 1 TL Salz*

EINS Für das Dressing alle Zutaten vermischen. **ZWEI** Die Trauben grob hacken und mit 1 EL Dressing mischen. Dressing und Trauben ins Gefrierfach geben. **DREI** Jakobsmuschelscheiben auf 4 gekühlten Tellern anrichten und mit Öl bestreichen. **VIER** Muscheln mit Trauben und Himbeerpüree garnieren und Mandelhobel und Schnittlauch darüberstreuen. Dressing daraufgeben und sofort servieren.

Ergibt als Vorspeise 4 Portionen

NÄHRWERTE JE PORTION 1228 kJ –295 kcal – 15 g Protein – 10 g Kohlenhydrate – 8 g Zucker – 22 g Fett – 2 g gesättigte Fettsäuren – 3 g Ballaststoffe – 584 mg Natrium

GESUNDHEITSTIPP Pflanzenöle werden aus Saaten und Früchten gewonnen. Je nach Ölsorte ist der Gehalt an ungesättigten Fettsäuren unterschiedlich. Distel-, Lein- und Walnussöl enthalten besonders viele mehrfach ungesättigte Fettsäuren, dicht gefolgt von Sonnenblumen-, Weizenkeim-, Soja- und Maiskeimöl.

Mariniertes Makrelen-Sushi *Saba zushi*

Für dieses Rezept werden die Makrelen zuerst in Salz und Essig „gegart", bevor man den Sushi-Reis damit garniert. Der fette, üppige Fisch und der frisch schmeckende Reis ergänzen einander perfekt. Essbare Chrysanthemenblätter und -blüten (aber keine von den Chrysanthemen aus Ihrem Garten!) gibt es im in Asialäden. Statt Chrysanthemenblüten können Sie auch Kapuzinerkresse nehmen.

ZUTATEN *1 große Makrele, filetiert* ‖ *2 EL Salz, zzgl. etwas zum Blanchieren* ‖ *200 ml Reisessig* ‖ *125 g Shungiku (essbare Chrysanthemenblätter), Kapuzinerkresse oder Rucola* ‖ *Blüten von 1–2 essbaren Chrysanthemenblumen (nach Belieben)* ‖ *600 frisch gekochter Sushi-Reis (S. 18)* ‖ *100 g Gari (S. 18) zum Servieren*

EINS Die Makrele mit einer Pinzette von Gräten befreien. Den Fisch dick mit Salz bestreuen und 2 Std. ziehen lassen. Das Salz abspülen und 20 Min. in Reisessig marinieren. Den Fisch mit Küchenpapier trocken tupfen. **ZWEI** Chrysanthemenblätter und ggf. -blüten in leicht gesalzenem Wasser 10 Sek. blanchieren. Abspülen und überschüssiges Wasser auspressen. Mit dem Reis mischen. **DREI** Die Rollmatte mit einem Stück Frischhaltefolie, das größer als die Matte ist, bedecken und ein Stück Makrele mit der Hautseite nach unten darauflegen. Die Hälfte des Reis über der Makrele verteilen. Makrele und Reis mit der Folie einwickeln und die Enden verschlingen. Matte aufrollen, sodass ein fester Zylinder entsteht. Matte mit beiden Händen nehmen und die Rolle auf eine ebene Fläche pressen, um die Unterseite der Rolle abzuflachen. Mit dem restlichen Fisch und Reis eine weitere Rolle formen und bei Raumtemperatur 30 Min. bis 3 Std. ruhen lassen. **VIER** Frischhaltefolie entfernen und jede Rolle in 6 Stücke schneiden. Das Messer dabei nach jedem Schnitt abwischen. Mit Gari servieren.

Ergibt 4 Portionen

NÄHRWERTE JE PORTION 1480 kJ – 353 kcal – 16 g Protein – 50 g Kohlenhydrate – 8 g Zucker – 11 g Fett – 2 g gesättigte Fettsäuren – 2 g Ballaststoffe – 1400 mg Natrium

GESUNDHEITSTIPP Makrele ist ein sehr fettiger Fisch, der reichlich fettlösliches Vitamin A und D sowie Omega-3-Fettsäuren enthält. Waschen Sie das Salz gründlich von der Makrele ab, um den hohen Salzgehalt des Gerichts zu reduzieren.

Gelbschwanz-Sashimi mit Pfirsichsauce *Hamachi Sashi*

Dieses optisch eindrucksvolle Gericht verwöhnt Augen und Gaumen. Bereiten Sie es für ein besonderes Abendessen vor. Alternativ können Sie Schwertfisch oder den fetten Teil vom Thunfisch nehmen. Beträufeln Sie den Fisch während des Marinierens mit 1 TL Gin, falls Sie keine Wacholderbeeren mögen.

ZUTATEN *6 TL Shoyu* ‖ *1 1/2 TL Kurosu oder Balsamicoessig* ‖ *300 g frisches Filet vom japanischen Gelbschwanz, gehäutet* ‖ *1 Nori-Blatt, halbiert*

PFIRSICHSAUCE *2 weiße Pfirsiche, insg. ca. 200 g, geschält und entsteint* ‖ *Schale einer 1/2 Limette, in feinen Zesten* ‖ *Saft einer 1/2 Limette* ‖ *2 EL Crème fraîche* ‖ *50 ml halbentrahmte Milch* ‖ *1 Prise Salz* ‖ *1 Prise schwarzer Pfeffer*

ZUM GARNIEREN *1 Endivie, in 5 mm breite Streifen geschnitten* ‖ *15 Wacholderbeeren*

EINS 4 TL Shoyu und den Essig in einem Behälter (kein Metall) mischen, Fisch hineinlegen und 3 Std. im Kühlschrank marinieren. Dabei gelegentlich wenden. **ZWEI** In der Zwischenzeit für die Pfirsichsauce alle Zutaten mit der Küchenmaschine mixen, sodass ein glattes Püree entsteht. **DREI** Marinade vom Fisch abwischen. Nori-Blätter mit 2 TL Shoyu bestreichen und auf die Hautseite des Fischs legen. Den Fisch für 10 Min. in den Kühlschrank stellen. **VIER** Mit einem scharfen Messer den Fisch quer zu den Fasern in 3 mm breite Stücke schneiden. Die Scheiben wie die Speichen eines Rades auf 4 Tellern anrichten. **FÜNF** Den Fisch mit den Endivienscheiben garnieren und die Wacholderbeeren in die Mitte der Teller geben. Mit Pfirsichsauce servieren.

Ergibt 4 Portionen als Vorspeise

NÄHRWERTE JE PORTION 665 kJ – 159 kcal – 16 g Protein – 6 g Kohlenhydrate – 5 g Zucker – 8 g Fett – 4 g gesättigte Fettsäuren – 1 g Ballaststoffe – 540 mg Natrium

GESUNDHEITSTIPP Der Fettgehalt dieses Gerichts ist nicht sehr hoch, wenn sie fettarmen (weißen) Fisch verwenden. Noch geringer wird er, wenn Sie Crème légère statt Crème fraîche nehmen.

Sushi-Bällchen aus Weißfisch *Shiromi uo no temari-zushi*

Statt Weißfisch können Sie auch geräucherten Heilbutt nehmen. Das Rezept gelingt mit frischem oder vorgegartem Renkon.

ZUTATEN *2 Blätter getrockneter Konbu, je 10 x 5 cm ‖ 100 g frischer Weißfisch wie Seezunge, Heilbutt oder Schnapper, filetiert und gehäutet ‖ 5 cm Renkon, vorgegart ‖ 1 EL Reisessig ‖ 1/2 TL rote Lebensmittelfarbe ‖ 700 g frisch gegarter Sushi-Reis (S. 18) ‖ 1 EL geröstete Sesamkörner ‖ 2 TL Wasabi (nach Belieben) ‖ 5 Stängel Schnittlauch, blanchiert und in 3 cm lange Stücke geschnitten ‖ Shoyu zum Servieren*

EINS Konbu mit feuchtem Küchenpapier abreiben und den Fisch zwischen die Blätter legen. Fest mit Frischhaltefolie einwickeln und 2 Std. im Kühlschrank ruhen lassen. Konbu entfernen und den Fisch quer in feine Scheiben schneiden. **ZWEI** Ca. 800 ml Wasser und den Reisessig in einen Topf geben und aufkochen. Den Renkon in Scheiben schneiden und mit der Lebensmittelfarbe in den Topf geben, vom Herd nehmen und mind. 30 Min. ruhen lassen. Abtropfen und mit Küchenpapier trocken tupfen. **DREI** Sushi-Reis mit den Sesamkörnern mischen. Einen Eierbecher mit einem Stück Frischhaltefolie von 12 x 12 cm auslegen. Ein Stück Fisch, ein Stück Renkon und nach Belieben einen Klecks Wasabi in den Becher geben. Mit 4 EL Sushi-Reis abschließen und das Ende der Frischhaltefolie fest verschlingen. Das Sushi mit der Folie aus dem Becher herausheben und mit den Händen zu einem Bällchen formen. Folie ablösen und Bällchen beiseitelegen. Weitere 5 Bällchen formen. Ebenso 6 Bällchen mit Schnittlauch formen. **VIER** Bällchen auf einem großen Teller oder einem Tablett anrichten. Dazu Shoyu in einem Schälchen als Dip reichen. Nach Belieben etwas mehr Wasabi zum Shoyu geben.

Ergibt 12 Bällchen, 3–6 Portionen

NÄHRWERTE JE PORTION 1464 kJ – 346 kcal – 12 g Protein – 70 g Kohlenhydrate – 7 g Zucker – 4 g Fett – 0 g gesättigte Fettsäuren – 2 g Ballaststoffe – 463 mg Natrium

GESUNDHEITSTIPP Alle Fischarten enthalten viel Selen, ein äußerst wichtiges Spurenelement zur Erhaltung der natürlichen antioxidativen Eigenschaften des Körpers.

Weißer Sashimi-Salat *Shiromi no sashimi salad*

Wenn man siedendheißes Öl am Tisch serviert und rohen Fisch damit beträufelt, wird dieser leicht gegart. Das knusprige Gemüse und die knackigen Nüsse kontrastieren herrlich mit dem zarten Fisch.

ZUTATEN *200 g Karotte ‖ 200 g Lauch, geputzt ‖ 200 g Sellerie ‖ 450 g frischer Weißfisch wie Flunder, Seezunge, Brasse oder Schnapper, filetiert und gehäutet ‖ 4 Shiso-Blätter, längs in feine Streifen geschnitten ‖ 1/2 TL Pflanzenöl ‖ 150 g Cashewnüsse ‖ 3 EL Öl aus geröstetem Sesam ‖ 1 Knoblauchzehe, gepresst*

DRESSING *2 EL Shoyu ‖ 2 EL Sake ‖ 2 EL Zitronensaft*

EINS Für das Dressing alle Zutaten vermischen. Bis zur Verwendung im Kühlschrank aufbewahren. **ZWEI** Karotten, Lauch und Sellerie in Julienne schneiden und in eiskaltem Wasser einweichen. **DREI** Den Fisch von allen erkennbaren Gräten befreien und quer zu den Fasern in 1 cm breite Streifen schneiden. Fisch und Shiso-Blätter mischen und bis zur Verwendung im Kühlschrank aufbewahren. **VIER** Pflanzenöl in einer kleinen beschichteten Pfanne erhitzen und Cashewnüsse goldbraun anbraten. Nüsse auf Küchenpapier abtropfen lassen und grob hacken. Den Fisch in die Mitte eines großen Serviertellers geben. Gemüse und Nüsse in fünf Portionen um den Fisch herum auftürmen. **FÜNF** Direkt vor dem Servieren das Sesamöl in einer kleinen beschichteten Pfanne erhitzen und den Knoblauch andünsten. Wenn er goldbraun ist, das heiße Öl über den Fisch gießen. Den Knoblauch dabei entfernen. Alles am Tisch sofort mischen und das Dressing separat dazu reichen.

Ergibt als Vorspeise 4 Portionen

NÄHRWERTE JE PORTION 1830 kJ – 439 kcal – 28 g Protein – 13 g Kohlenhydrate – 7 g Zucker – 30 g Fett – 5 g gesättigte Fettsäuren – 4 g Ballaststoffe – 696 mg Natrium

GESUNDHEITSTIPP Karotten liefern viel Beta-Karotin, ein wichtiges Antioxidans, das zum Schutz vor einigen Krebserkrankungen beiträgt.

Sushi mit Garnierung aus gegartem Fisch *Mukashi nigiri*

Ursprünglich wurde für handgeformte Nigiri Sushi die Garnierung fast immer gegart.

ZUTATEN *8 rohe Garnelen ohne Köpfe ‖ 1 frisches Makrelenfilet, entgrätet ‖ 2 EL Salz, zzgl. etwas zum Kochen ‖ 2 EL Reisessig ‖ 600 g gekochter Sushi-Reis (S. 17) ‖ 1 gegarte Tintenfischtentakel, in 5 mm breite Streifen geschnitten ‖ 1 Filet (ca. 100 g) gegarter Unagi (japanischer Aal) oder geräucherter Aal ‖ 2 EL Pflanzenöl ‖ 1/4 Nori-Blatt, in 1 cm breite Streifen geschnitten ‖ Gari (S. 18) zum Garnieren*

ATSUYAKI TAMAGO *150 ml warmer Dashi (S. 19) ‖ 1/2 TL Shoyu ‖ 1 TL Mirin ‖ 1 TL Sake ‖ 2 TL Zucker ‖ 1/4 TL Salz ‖ 6 Eier, verquirlt ‖ Pflanzenöl zum Fetten*

EINS Brühe, Gewürze und Eier vermischen. Eine quadratische Omelett-Pfanne erhitzen und etwas Öl hineingeben. Vom Herd nehmen und etwas abkühlen lassen. Pfanne wieder auf den Herd stellen, auf mittlere Stufe schalten und 1/3 der Eiermischung hineingießen. Wenn sie zu blubbern anfängt und stockt, das Omelett anheben und zur anderen Seite der Pfanne hin aufrollen. Mit der übrigen Mischung ebenso verfahren. Vom Herd nehmen und 2 Min. ruhen lassen. Dann in 8 Stücke schneiden. **ZWEI** Garnelen einzeln längs aufspießen und in gesalzenem Wasser garen, bis sie sich rot färben. Abtropfen, von den Spießen nehmen und schälen. Die Schwänze dabei nicht entfernen. Auf der Unterseite aufschneiden, damit man sie flach aufklappen kann. **DREI** Das Makrelenfilet dick mit Salz bestreuen und 20 Min. ziehen lassen. Salz abwaschen und 20 Min. in Essig marinieren. Essig abwischen und die obere Hautschicht abziehen. Filet quer zu den Fasern in 8 Scheiben von 5 mm Breite schneiden und beiseitestellen. **VIER** Finger mit *Tezu* (S. 46) anfeuchten und etwa 1 1/2 EL Reis in die linke Hand nehmen. Zu einem 3–4 cm langen Block formen. Auf diese Weise 32 Sushi-Rollen formen und jede mit einer Garnele, einem Stück Tintenfisch, Makrele oder Aal garnieren. **FÜNF** Jedes Omelett-Stück in der Mitte einkerben und mit 1 TL Reis füllen. Ein Stück Nori um jedes Tintenfisch-Sushi wickeln und festbinden. Mit *Gari* servieren.

Ergibt 32 Stück, 4 Portionen

NÄHRWERTE JE PORTION 1879 kJ – 448 kcal – 27 g Protein – 48 g Kohlenhydrate – 7 g Zucker – 17 g Fett – 4 g gesättigte Fettsäuren – 1 g Ballaststoffe – 1397 mg Natrium

GESUNDHEITSTIPP Die Kombination aus Reis, Fisch und Eiern macht dieses Gericht so nahrhaft.

Sushi-Canapés *Kanappe zushi*

Bereiten Sie dieses Gericht direkt vor dem Servieren zu und stellen Sie es nicht in den Kühlschrank. Der Sushi-Reis fällt sonst auseinander und schmeckt auch nicht mehr, wenn er gekühlt wurde.

ZUTATEN *4 Nori-Blätter ‖ 600 g frisch gekochter Sushi-Reis (S. 18) ‖ 200 g Gari (S. 18) zum Servieren*

GARNIERUNG A *1 EL Mayonnaise ‖ 1 TL Wasabi ‖ 1/2 TL Shoyu ‖ 1/2 mittlere Avocado, geschält, ohne Stein und in Scheiben geschnitten ‖ alle Zutaten mischen und beiseitestellen*

GARNIERUNG B *1 Ei, verquirlt ‖ 1/4 TL Salz ‖ 1/2 TL Pflanzenöl ‖ 20 g Fischrogen*

GARNIERUNG C *10 Amaebi (süße Shrimps), roh ‖ 1/2 TL Salz ‖ 1 Shiso-Blatt, gehackt*

GARNIERUNG D *1 Scheibe Räucherlachs, in 10 Streifen geschnitten, je 2,5 cm breit ‖ 2 EL Crème fraîche ‖ 5 Schnittlauchstängel, halbiert*

EINS Eine dicke Sushi-Rolle zubereiten. Dazu ein Makisu mit den Bambusstäben parallel zu Ihnen ausbreiten. Ein Nori-Blatt mit der glänzenden Seite nach unten darauflegen. Ein Viertel des Reises auf das Nori-Blatt streichen. Am oberen Rand 1 cm frei lassen. Vom unteren Ende her einrollen. Das Sushi dabei mit beiden Händen einwickeln und vorsichtig in Form drücken. **ZWEI** Ein weiteres Viertel Reis auf ein Stück Nori verteilen. Die erste Rolle ans untere Ende legen und aufrollen. Ebenso eine weitere Rolle formen. **DREI** Die Rollen mit einem scharfen Messer in 1 cm breite Scheiben schneiden. Messer nach jedem Schnitt mit einem feuchten Tuch abwischen. **VIER** Für die Garnierung B ein weiches Rührei zubereiten und mit Fischrogen garnieren. **FÜNF** Für Garnierung C die Garnelen schälen (Schwänze nicht entfernen) und mit Salz und Shiso bestreuen. **SECHS** Für Garnierung D die Lachsstreifen um je zwei Stücke Schnittlauch wickeln und etwas Crème fraîche daraufgeben. **SIEBEN** Canapés auf einer großen Platte anrichten und jedes anders garnieren. Mit Gari servieren.

Ergibt 40 Canapés

NÄHRWERTE JE PORTION 130 kJ – 30 kcal – 1 g Protein – 5 g Kohlenhydrate – 1 g Zucker – 1 g Fett – 0 g gesättigte Fettsäuren – 0 g Ballaststoffe – 100 mg Natrium

GESUNDHEITSTIPP Seetang enthält viel Jod, das für die Herstellung des Schilddrüsenhormons wesentlich ist.

Sushi aus gekeimtem braunem Reis in Tofu-Taschen *Genmai inari*

In japanischen Läden können Sie gekeimten, getrockneten braunen Reis (*hatsuga genmai*) finden. Er schmeckt süßer und gart schneller als ungekeimter. Um ihn selbst herzustellen, ebenso wie für gekeimte Bohnen (S. 12) verfahren. Nach 2–4 Tagen keimt der Reis und sollte gekocht werden, bevor die Sprösslinge 2 mm lang sind. Genauso wie ungekeimten braunen Reis garen.

ZUTATEN *200 g brauner Reis, leicht gekeimt ‖ 50 g Haferkörner, abgespült ‖ 50 g Hirse ‖ 2 1/2 EL Reisessig ‖ 3 1/2 EL Zucker ‖ 1/2 TL Salz ‖ 75 g Pinienkerne, geröstet ‖ 15 g geröstete schwarze Sesamkörner ‖ 10 Stück Abura Age, in heißem Wasser abgespült und abgetropft ‖ 6 EL Shoyu ‖ 2 EL Mirin ‖ 2 EL Sake ‖ 100 g Gari (S. 18) zum Servieren*

EINS Den Reis mit den gemischten Körnern in 650 ml Wasser garen (S. 17). **ZWEI** Die gekochte Reismischung in eine große Schüssel geben. Reisessig, 1 1/2 EL Zucker und Salz vermischen und an den Reis geben. Pinienkerne unterrühren, Sesamkörner darüberstreuen und die Schüssel mit einem nassen Tuch abdecken. **DREI** In der Zwischenzeit Agura Age auspressen und halbieren. An der Schnittstelle vorsichtig öffnen, um eine Tasche zu formen. Dabei aufpassen, dass die Haut nicht bricht. Insgesamt 20 Taschen herstellen. **VIER** 400 ml Wasser in einen Topf geben und Shoyu, Mirin, Sake und 2 EL Zucker dazugeben. Abura Age im gewürzten Wasser bei niedriger Hitze garen, bis die Flüssigkeit auf etwa 1/4 eingekocht ist. Mit einem Sieb abgießen und abkühlen lassen. **FÜNF** Die Taschen je zur Hälfte mit dem abgekühlten Reis füllen. Zu Dreiecken formen, indem Sie die offene Seite schräg einschlagen, bevor Sie die Taschen mit Sushi-Reis füllen. Mit Raumtemperatur servieren. Dazu Gari reichen.

Ergibt 20 Taschen, 4 Portionen

NÄHRWERTE JE PORTION 3090 kJ – 737 kcal – 29 g Protein – 86 g Kohlenhydrate – 24 g Zucker – 31 g Fett – 2 g gesättigte Fettsäuren – 3 g Ballaststoffe – 1650 mg Natrium

GESUNDHEITSTIPP Gekeimter brauner Reis enthält viele ungewöhnliche Nährstoffe, so z. B. GABA (Gamma-Aminobuttersäure), das den Blutdruck senkt, Inosit, das beruhigend wirkt, und ungesättigte Fettsäuren, wie die Linolsäure, die entzündliche Prozesse eindämmen und den LDL-Cholesterin-Spiegel senken können.

Vegetarisches Chirashi-Sushi *Shojin Chirashi*

Chirashi wird hauptsächlich zu Hause gemacht. Es erinnert eher an einen Reissalat und wird in zahlreichen Varianten bei Partys oder als schnelles Mittagessen serviert. Dieses farbenfrohe Chirashi macht sich besonders gut als Höhepunkt eines Party-Buffets.

ZUTATEN *600 g frisch gekochter Sushi-Reis (S. 18) ‖ je 1 EL geröstete weiße und schwarze Sesamkörner ‖ 500 g enthülste dicke Bohnen ‖ 400 ml Dashi (S. 19) ‖ 2 EL Mirin ‖ 1 1/3 TL Salz ‖ 1 große Karotte, geschält und in Julienne geschnitten ‖ 2 TL Pflanzenöl ‖ 1 Ei, verquirlt*

EINS Den noch warmen Reis mit den Sesamkörnern mischen. **ZWEI** Bohnen in leicht gesalzenem Wasser kochen, abgießen und die Haut abziehen. **DREI** Brühe in eine Pfanne mit schwerem Boden geben. Aufkochen und erst Mirin und 1 TL Salz, dann die Karotten dazugeben. 3 Min. garen, vom Herd nehmen und abkühlen lassen. **VIER** Öl in einer beschichteten Pfanne von 23–25 cm Ø erhitzen und überschüssiges Öl mit Küchenpapier entfernen. Auf niedrige Temperatur herunterschalten. Das Ei mit dem restlichen Salz mischen und ein Viertel der Menge mit einem Löffel in die Pfanne geben und damit Linien ziehen, sodass ein kreisförmiges Gitter entsteht. Vom Herd nehmen und warten, bis es trocken ist, dann vorsichtig mit einer Palette herausheben. Insgesamt 4 Gitter herstellen und beiseitestellen. **FÜNF** Karotte abtropfen und auspressen. Reis auf vier Tellern aufhäufen. Bohnen und Karotten darüberstreuen und mit den Ei-Gittern garnieren. Bei Raumtemperatur zu einer klaren Brühe servieren.

Ergibt 4 Portionen

NÄHRWERTE JE PORTION 1447 kJ – 344 kcal – 13 g Protein – 56 g Kohlenhydrate – 8 g Zucker – 8 g Fett – 1 g gesättigte Fettsäuren – 2 g Ballaststoffe – 835 mg Natrium

GESUNDHEITSTIPP Sesamkörner sind sehr nährstoffreich und enthalten viel Kalzium. Kombiniert man Samen mit Körnern, verbessert sich die Eignung der Proteine zum Aufbau körpereigener Eiweiße.

Fisch und Meeresfrüchte

Lachs-Sashimi-Salat *Sake no tataki salada*

Der zarte Lachs und Rogen werden Ihnen auf der Zunge zergehen! Wenn Sie kein Awakuchi oder Usukuchi Shoyu (helle Sojasauce) bekommen können, nehmen Sie normale Sojasauce. Gesalzener Lachsrogen wird abgepackt in Supermärkten, japanischen oder Asialäden verkauft.

ZUTATEN *Olivenöl zum Braten ‖ 400 g Lachsfilet für Sashimi oder Sushi, leicht gesalzen und mit Raumtemperatur ‖ 1/2 gelbe Paprika, entkernt und in 5-mm-Würfel geschnitten ‖ 4 kleine Salatgurken, längs in feine Scheiben geschnitten ‖ 1 Handvoll Mizuna oder Rucola ‖ 4 EL Ikura zum Garnieren*

DRESSING *Schale und Saft 1 Zitrone ‖ 100 ml extra natives Olivenöl ‖ 1 TL Awakuchi oder Usukuchi Shoyu ‖ 1 TL grobkörniger Senf*

EINS Etwas Öl in einer beschichteten Pfanne erhitzen und überschüssiges Öl mit Küchenpapier entfernen. Den Lachs auf jeder Seite 45 Sek. anbraten. In eine Schüssel mit eiskaltem Wasser tauchen, um das Weitergaren zu verhindern, und den Fisch mit einem Geschirrtuch trocken tupfen. **ZWEI** Für das Dressing alle Zutaten vermischen. Paprika dazugeben und beiseitestellen. **DREI** Lachsfilet quer zu den Fasern in feine Scheiben schneiden. Die Gurken auf 4 Tellern waagrecht in Reihen anordnen. **VIER** In die Mitte jedes Tellers ein Viertel der Mizuna-Blätter geben und mit etwas Dressing beträufeln. Die Lachstreifen darauf anrichten. Mit Lachsrogen garnieren und die Teller mit dem restlichen Dressing beträufeln. Sofort servieren.

Ergibt 4 Portionen

NÄHRWERTE JE PORTION 1687 kJ – 407 kcal – 23 g Protein – 1 g Kohlenhydrate – 1 g Zucker – 34 g Fett – 5 g gesättigte Fettsäuren – 1 g Ballaststoffe – 660 mg Natrium

GESUNDHEITSTIPP Lachs zählt zu den fetten Fischen und enthält daher reichlich Omega-3-Fettsäuren, die vor Blutgerinnseln und einigen Krebserkrankungen schützen können.

Gegrillte Meeresfrüchte-Spieße *Kaisen kushi-yaki*

Umeboshi sind sehr sauer und salzig. Oft werden sie in kleinen Mengen mit einer Schüssel Reis serviert, aber die Kombination bedarf einiger Gewöhnung. Verwendet man diese eingelegten Pflaumen in Marinaden oder Dressings, schmecken sie etwas weniger sauer und verleihen anderen Zutaten wie Meeresfrüchten einen abwechslungsreichen Geschmack.

ZUTATEN *1 große Tintenfischtube von ca. 150 g, gehäutet, ausgenommen und ohne Tentakel, oder 150 g junger Tintenfisch ‖ 4 große rohe Garnelen ‖ 2 Jakobsmuscheln mit Schale (nach Belieben) ‖ 4 große lebende Venusmuscheln in der Schale ‖ 2 gegarte Kalmar-Tentakel, in mundgerechte Stücke geschnitten ‖ 1/2 Gurke, in Stifte geschnitten ‖ 1/2 rote Paprika, entkernt und in Stifte geschnitten ‖ 1/4 fester weißer Kohl, in 5 cm breite Streifen geschnitten*

PFLAUMEN-MARINADE *4–6 Umeboshi, entkernt und püriert ‖ 4 EL Shoyu ‖ 3 EL Mirin ‖ 2 EL Sake*

EINS 20 Bambus-Spieße über Nacht in Wasser einweichen. Tintenfischtube aufschneiden, flach ausbreiten und mit einem scharfen Messer die Haut gitterförmig einritzen. Quer in 2,5 cm breite Streifen schneiden. Garnelen schälen, aber Köpfe und Schwänze nicht entfernen. Ggf. Jakobsmuscheln öffnen, Fleisch herauslösen und halbieren. **ZWEI** Alle Zutaten für die Marinade mixen und Tintenfisch, Jakobsmuscheln, Garnelen und Kalmar 20 Min. im Kühlschrank marinieren. **DREI** Meeresfrüchte abtropfen (Marinade aufbewahren) und Stücke auf die Bambusspieße stecken. Auf dem Tischgrill oder unter dem vorgeheizten Grill auf jeder Seite einige Minuten grillen und von Zeit zu Zeit mit der Marinade bestreichen. Venusmuscheln auf dem Tischgrill garen, bis sie sich öffnen. 1 TL Marinade in jede Schale geben und vom Grill nehmen. (Alle Muscheln, die sich nicht geöffnet haben, wegwerfen). **VIER** Restliche Marinade in einen Topf geben und aufkochen. Vom Herd nehmen, abkühlen lassen und in einer kleinen Schüssel als Dip servieren. Spieße auf einem Teller anrichten und mit dem Gemüse servieren.

Ergibt 4 Portionen

NÄHRWERTE JE PORTION 535 kJ – 128 kcal – 17 g Protein – 7 g Kohlenhydrate – 5 g Zucker – 1 g Fett – 0 g gesättigte Fettsäuren – 2 g Ballaststoffe – 1400 mg Natrium

GESUNDHEITSTIPP Meeresfrüchte enthalten viel Selen und ein natürliches Antioxidans.

Schwertfisch-Teriyaki mit Fruchtsauce *Kajiki no teriyaki*

Diese ganz besondere Teriyakisauce mit Marmelade und Orange passt gut zum delikaten Geschmack des Schwertfischs. Er darf aber nicht zu lange garen, weil er dann trocken und ledrig wird.

ZUTATEN *4 Schwertfischsteaks, insgesamt ca. 500 g* ‖ *1 EL Pflanzenöl, zzgl. etwas zum Einfetten* ‖ *125 g Shimeji, zerteilt* ‖ *1/2 Zwiebel, längs in Ringe geschnitten* ‖ *1 kleine grüne Paprika, entkernt und in Ringe geschnitten* ‖ *1/3 Orange, geschält und filetiert* ‖ *Reis zum Servieren*

FRUCHTSAUCE *4 EL Shoyu* ‖ *3 EL Diät-Orangenmarmelade* ‖ *2 EL Mirin*

EINS Für die Fruchtsauce alle Zutaten mischen. Fisch in eine Schüssel (nicht aus Metall) legen, Sauce darüber gießen und 1–3 Stunden marinieren. **ZWEI** Den Fisch aus der Marinade nehmen (Marinade aufbewahren) und mit Küchenpapier abtupfen. Ein Backblech mit etwas Öl bestreichen und den Fisch im vorgeheizten Ofen bei 220 °C (Gas Stufe 7) 9 Min. garen. Fisch wenden und mit der Marinade bestreichen. Auf 180 °C herunterschalten (Gas Stufe 4) und weitere 5 Min. garen. **DREI** Öl in einer Pfanne erhitzen und Pilze, Zwiebeln, Paprika und Orangenfilets pfannenrühren. Restliche Marinade darübergießen und rühren, bis die Paprika weich, aber noch knackig ist. **VIER** Den Fisch mit dem warmen Gemüse auf 4 Tellern anrichten und mit einer Schale Reis servieren.

Ergibt 4 Portionen

NÄHRWERTE JE PORTION 926 kJ – 220 kcal – 25 g Protein – 14 g Kohlenhydrate – 2 g Zucker – 8 g Fett – 1 g gesättigte Fettsäuren – 1 g Ballaststoffe – 1060 mg Natrium

GESUNDHEITSTIPP Grüne Paprika und Orangen enthalten reichlich antioxidatives Beta-Karotin, von dem man annimmt, dass es vor Blutgerinnseln und einigen Krebsarten schützt.

Makrelen mit Hakusai nach Kyoto-Art *Hakusai to saba no nimono*

Die Kombination aus öligen Makrelen und sanft gegartem Hakusai ergibt ein wohltuendes Gericht für jeden Tag. Greifen Sie auf Fisch aus der Konserve zurück, wenn Sie keinen frischen bekommen können.

ZUTATEN *2 ganze Makrelen, geputzt und filetiert* ‖ *1/2 Hakusai, ohne Strunk und in 5 cm große Stücke geschnitten* ‖ *3 EL Shoyu* ‖ *3 EL Sake* ‖ *5 cm frischer Ingwer, geschält und in feinen Scheiben* ‖ *Schale einer 1/2 Zitrone zum Garnieren* ‖ *Kurzkornreis zum Servieren*

EINS Makrelenfilets quer in 3–4 Scheiben schneiden. **ZWEI** Kohlstücke in einen Topf mit schwerem Boden geben und Makrele darauflegen. Vorsichtig 200 ml Wasser, Shoyu und Sake angießen und mit den Ingwerscheiben bestreuen. **DREI** Topf abdecken und bei mittlerer Hitze 5 Min. garen. Temperatur herunterschalten und weitere ca. 15 Min. köcheln lassen, bis der Kohl ziemlich weich ist. **VIER** Kohl und Makrelen in eine große Schüssel füllen und den Sud dazugeben. Mit der Zitronenschale bestreuen und warm mit einer Schüssel Reis servieren.

Ergibt 4 Portionen

NÄHRWERTE JE PORTION 1286 kJ – 310 kcal – 26 g Protein – 2 g Kohlenhydrate – 1 g Zucker – 21 g Fett – 4 g gesättigte Fettsäuren – 0 g Ballaststoffe – 813 mg Natrium

GESUNDHEITSTIPP Makrelen enthalten ganz besonders viele Omega-3-Fettsäuren, die beim Schutz vor Blutgerinnseln und einigen Krebsarten eine wichtige Rolle spielen. Außerdem sind sie eine gute Quelle für Vitamin D, das für Wachstum und Erhalt des Knochengerüsts unabdingbar ist.

Frühlingsrollen mit gegrillten Garnelen *Ebi no koromo makiyaki*

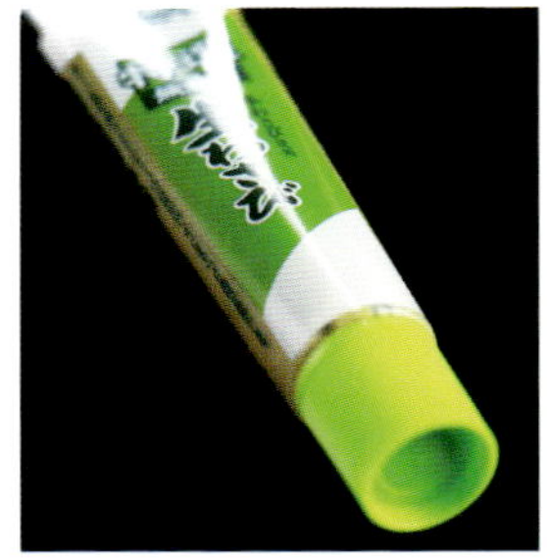

Diese Garnelen in knuspriger Hülle sind ein tolles Party-Essen und am besten isst man sie mit den Fingern. Die Köpfe und Schwänze der Garnelen werden knusprig, weswegen man sie im Ganzen essen kann. Wenn Sie keinen Frühlingsrollen-Teig zur Hand haben, können Sie auch Filo nehmen.

ZUTATEN *20 rohe Garnelen ‖ 2 EL Wasabi ‖ 2 Frühlingszwiebeln, in feine Streifen geschnitten ‖ 1/2 Nori-Blatt, in Streifen geschnitten ‖ 5 Blätter Frühlingsrollen-Teig, jedes in 4 Quadrate geschnitten ‖ 1 EL Mehl ‖ 3 EL Pflanzenöl, zzgl. etwas zum Fetten ‖ 1 TL Salz*

EINS Die Garnelen schälen, Köpfe und Schwänze aber nicht entfernen. Antennen und Schwanzspitze abschneiden. **ZWEI** Jede Garnele längs auf einen Spieß stecken, damit sie sich nicht wellt. Mit Wasabi bestreichen und einige Frühlingszwiebeln und Nori-Streifen darauflegen. Garnele in ein Stück Frühlingsrollen-Teig einrollen. Mehl mit 2 EL Wasser verrühren und mit der Mischung die Enden der Frühlingsrollen bestreichen, um sie zu verschließen. **DREI** Frühlingsrollen mit Öl bestreichen. Auf dem Tischgrill oder auf einem Backblech unter dem vorgeheizten Grill 6–7 Min. grillen, bis sie knusprig und goldbraun sind. Dabei einmal wenden. Mit Salz bestreuen und heiß servieren.

Ergibt 20 Frühlingsrollen, 4 Portionen

NÄHRWERTE JE PORTION 805 kJ – 194 kcal – 9 g Protein – 14 g Kohlenhydrate – 1 g Zucker – 11 g Fett – 1 g gesättigte Fettsäuren – 1 g Ballaststoffe – 640 mg Natrium

GESUNDHEITSTIPP Garnelen enthalten Magnesium, das ein wichtiger Bestandteil von Knochen und Zähnen ist. Zudem ist es an der Freisetzung und Speicherung von Hormonen beteiligt. Auch für Zink und Selen sind sie eine gute Quelle. Zink ist Bestandteil vieler Enzyme, Selen brauchen wir als Schutz vor freien Radikalen.

Tintenfisch mit Yakumisauce *Ika no yakumi gake*

Wenn Sie schlechte Erfahrungen mit gummiartigem Tintenfisch gemacht haben, der nicht richtig zubereitet wurde, könnte Ihnen dieses Rezept helfen, Ihre Skepsis abzubauen.

ZUTATEN *450 g Tintenfischtuben, gehäutet, ausgenommen, ohne Tentakel* ‖ *1 Shiso-Blatt, in Streifen geschnitten zum Servieren*

YAKUMISAUCE *3 Frühlingszwiebeln, gehackt* ‖ *200 g Gurken, gehackt* ‖ *40 g Za Cai, fein gehackt* ‖ *3 Shiso-Blätter, fein gehackt* ‖ *4 EL Shoyu* ‖ *4 EL Wasser* ‖ *4 EL Reisessig* ‖ *2 EL Öl aus gerösteten Sesamkörnern* ‖ *2 EL Honig*

EINS Für die Sauce alle Zutaten vermischen. Beiseitestellen. **ZWEI** Tintenfischtuben längs aufschneiden und flach ausbreiten. Mit einem scharfen Messer die Haut gitterförmig einritzen. In Streifen von 2 x 5 cm schneiden. **DREI** Tintenfisch in Wasser ca. 2–3 Min. garen, bis er milchig-weiß ist und die Streifen sich aufrollen. Gut abtropfen lassen. **VIER** Den warmen Tintenfisch auf einer großen Platte anrichten und die Sauce darübergießen. Mit den Shiso-Streifen garnieren und sofort servieren.

Ergibt 4 Portionen

NÄHRWERTE JE PORTION 690 kJ – 165 kcal – 20 g Protein – 6 g Kohlenhydrate – 4 g Zucker – 7 g Fett – 1 g gesättigte Fettsäuren – 1 g Ballaststoffe – 1460 mg Natrium

GESUNDHEITSTIPP Gurken enthalten viel Wasser und haben daher wenig Kalorien. Man schreibt ihnen eine harntreibende Wirkung zu und nimmt an, dass sie bei der Senkung des Blutdrucks helfen können.

Gegrillter Skorpionfisch mit Miso *Kasagoi misoyaki*

Skorpionfisch (*Kasago*), auch Drachenkopf genannt, erfreut sich in vielen europäischen Ländern wie Italien, Frankreich und Griechenland sowie in Südostasien großer Beliebtheit. Die Leber gilt als Delikatesse, auch wenn Rücken- und Brustflossen leicht giftig sind. Alternativ Kaiserbarsch oder Schnapper verwenden.

ZUTATEN *4 ganze Skorpionfische* ‖ *1 Frühlingszwiebel* ‖ *1 EL Miso* ‖ *1 Handvoll Rucola* ‖ *Salz* ‖ *280 g enthülste dicke Bohnen, in Salzwasser gegart, zum Servieren*

MAYONNAISE OHNE ÖL *2 Eigelb, verquirlt* ‖ *2 TL Mehl* ‖ *2 TL Salz* ‖ *1 1/2 EL Zucker* ‖ *4 EL Reisessig* ‖ *2 EL Sake* ‖ *2 TL Senfpulver*

EINS Für die Mayonnaise Eigelb, Mehl, Salz und Zucker in einer Schüssel vermischen. Essig und Sake dazugeben. Mischung in einen Topf abseihen und bei schwacher Hitze köcheln lassen, bis die Sauce eingedickt ist. Senfpulver einrühren und abkühlen lassen. Die Mayonnaise hält sich im Kühlschrank bis zu 3 Tage. **ZWEI** Rückenflossen und Spitzen der Brustflossen vom Skorpionfisch abtrennen. Ein scharfes Messer am Rücken ansetzen und den Fisch an der Oberseite entlang der Gräten aufschneiden. Die Innereien nicht entfernen. Mit Salz bestreuen. **DREI** Den weißen Teil der Frühlingszwiebeln ganz lassen und den grünen Teil fein hacken. Mayonnaise mit Miso und gehackten Frühlingszwiebeln mischen. Den Fisch mit der Schnittseite nach oben auf ein leicht geöltes Backblech legen und mit der Mayonnaisemischung füllen. 15 Min. ziehen lassen. **VIER** Den Rucola und weißen Teil der Frühlingszwiebeln auf dem Fisch verteilen und unter dem vorgeheizten Grill 5 Min. garen. Mit etwas Alufolie abdecken und weitere 5–7 Min. garen. **FÜNF** In der Zwischenzeit die dicken Bohnen häuten. Dafür die Oberseite einschneiden und die Bohne herausdrücken. In eine Schüssel geben und mit etwas Salz bestreuen. Den Fisch warm mit den dicken Bohnen servieren.

Ergibt 4 Portionen

NÄHRWERTE JE PORTION 1028 kJ – 244 kcal – 27 g Protein – 17 g Kohlenhydrate – 9 g Zucker – 8 g Fett – 1 g gesättigte Fettsäuren – 3 g Ballaststoffe –1414 mg Natrium

GESUNDHEITSTIPP Um den hohen Salzgehalt des Gerichts zu reduzieren, können Sie ein mit wenig Salz zubereitetes Miso-Produkt verwenden.

Gedämpfte Venusmuscheln in Sake *Asari Saka Maushi*

Frische Venusmuschel mit ein wenig Sake gedämpft – diese simple Zubereitung bringt das ganze Aroma dieser Meeresfrüchte zum Vorschein. Das Gericht passt gut zu Reisgerichten wie dem Rooibos-Pilauw mit Walnüssen (S. 134).

ZUTATEN *1 kg frische lebende Venusmuscheln* ‖ *6 EL Sake* ‖ *1 Bund Schnittlauch, fein gehackt* ‖ *Shoyu nach Geschmack* ‖ *Salz*

EINS Muscheln mindestens 2 Std. in kaltes, gesalzenes Wasser legen, um Schmutz und Sand zu lösen. Abtropfen und unter fließendem Wasser waschen. Alle Muscheln, deren Schalen geöffnet oder beschädigt sind, wegwerfen. **ZWEI** Muscheln mit dem Sake in einen hohen Topf mit schwerem Boden geben. Abdecken und bei mittlerer Hitze garen, bis alle Schalen sich geöffnet haben. Alle, die sich nicht geöffnet haben, wegwerfen. **DREI** Schnittlauch dazugeben und abschmecken. Nach Belieben etwas Shoyu dazugeben und vom Herd nehmen. Heiß mit dem Sud servieren.

Ergibt 4 Portionen

NÄHRWERTE JE PORTION 289 kJ – 70 kcal – 8 g Protein – 2 g Kohlenhydrate – 0 g Zucker – 1 g Fett – 0 g gesättigte Fettsäuren – 0 g Ballaststoffe – 36 mg Natrium

GESUNDHEITSTIPP Venusmuscheln enthalten die Spurenelemente Jod und Selen. Jod ist äußerst wichtig für die Herstellung des Schilddrüsenhormons.

Pfannengerührte Garnelen mit Jakobsmuscheln und Brokkoli *Ebi to hotate no bulokkori itame*

Ein von der chinesischen Küche inspiriertes Gericht. Tobiko erinnert an Kaviar, ist aber preiswerter und milder im Geschmack.

ZUTATEN *1 großer Brokkoli, ohne Strunk und in Röschen zerteilt ‖ 2 EL Öl aus gerösteten Sesamkörnern ‖ 2,5 cm frischer Ingwer, geschält und in feinen Scheiben ‖ 500 g gekochte, geschälte Garnelen ‖ 4 Jakobsmuscheln, in 3–4 Scheiben geschnitten ‖ 2 EL Sake ‖ 400 ml heißer Dashi (S. 19) ‖ 1 1/2 TL Salz ‖ 2 TL Shoyu ‖ 2 TL Pfeilwurz ‖ 4 EL Tobiko oder Rogen vom Seehasen ‖ Reis zum Servieren*

EINS Brokkoli 3 Min. in leicht gesalzenem Wasser blanchieren. Abtropfen und warm stellen. **ZWEI** Das Öl in einer großen beschichteten Pfanne erhitzen und den Ingwer andünsten. Garnelen und Jakobsmuscheln dazugeben und bei großer Hitze weitere 2 Min. garen. Sake und die heiße Brühe angießen. Salz und Shoyu hinzufügen. **DREI** Pfeilwurz mit 2 EL Wasser verrühren und unter die Mischung rühren. Wenn die Flüssigkeit eingedickt ist, den Brokkoli dazugeben. Vom Herd nehmen. **VIER** Fischrogen unterrühren und sofort mit einer Schale Reis servieren.

Ergibt 4 Portionen

NÄHRWERTE JE PORTION 1180 kJ – 280 kcal – 42 g Protein – 6 g Kohlenhydrate – 2 g Zucker – 9 g Fett – 2 g gesättigte Fettsäuren – 1 g Ballaststoffe – 2957 mg Natrium

GESUNDHEITSTIPP Brokkoli liefert reichlich Folat, das für die Zellbildung und daher in der Frühphase der Schwangerschaft äußerst wichtig ist. Folat wird durch Hitze zerstört, daher sollten Sie den Brokkoli so sanft wie möglich garen.

Frittierte Sardinen in Marinade *Nanban Duke*

Wahrscheinlich wurde die Garmethode, Fisch erst zu frittieren und dann in Vinaigrette zu marinieren, von Südosteuropa nach Japan gebracht. Heute wird sie vor allem für die Zubereitung von kleinen Fischen wie etwa Sardinen, einer Heringsart, verwendet.

ZUTATEN *4 EL Mehl ‖ 1 1/2 TL Salz ‖ 450 g Sardinen oder eine andere Heringsart ‖ Pflanzenöl zum Frittieren ‖ 2 Knoblauchzehen, geschält und in feinen Scheiben ‖ 1 Zwiebel, in Julienne ‖ 1 große Karotte, in Julienne ‖ 1 grüne Paprika, entkernt und in Julienne ‖ 2–3 Salatblätter, klein gezupft, zum Servieren*

MARINADE *400 ml Dashi (S. 19) ‖ 2 EL Sake ‖ 4 EL Honig ‖ 180 ml Reisessig ‖ 2 EL Shoyu ‖ 1 getrocknete rote Chili, entkernt und fein gehackt ‖ 1 TL Salz*

EINS Für die Marinade alle Zutaten in einem großen Topf mischen, aufkochen, vom Herd nehmen und beiseitestellen. **ZWEI** Mehl und Salz mischen und den Fisch damit bestäuben. Eine Pfanne 2,5 cm hoch mit Öl füllen und auf 180 °C erhitzen. Knoblauchscheiben knusprig frittieren, herausnehmen und auf Küchenpapier abtropfen lassen. Den Fisch in 2 Portionen je ca. 3–4 Min. goldbraun frittieren. **DREI** Auf Küchenpapier abtropfen lassen und dann in die Marinade tauchen, solange er noch heiß ist. Knoblauchscheiben und Gemüse dazugeben und mind. 30 Min. marinieren. **VIER** Salatblätter auf vier Tellern anrichten. Fisch und Gemüse mit einer Gabel oder Essstäbchen aus der Marinade nehmen und auf dem Salat anrichten. (Übrig gebliebene Marinade wegschütten.) Den Fisch servieren, solange er noch warm ist. Das Gericht kann aber auch kalt gegessen werden und hält sich bis zu 3 Tage im Kühlschrank.

Ergibt 4 Portionen

NÄHRWERTE JE PORTION 2655 kJ – 637 kcal – 21 g Protein – 44 g Kohlenhydrate – 23 g Zucker – 42 g Fett – 4 g gesättigte Fettsäuren – 2 g Ballaststoffe – 1890 mg Natrium

GESUNDHEITSTIPP Durch das Frittieren wird der ganze Fisch essbar. Auf diese Weise nimmt man viel der in den Gräten enthaltenen Omega-3-Fettsäuren und hochwertiges Kalzium auf.

Seeteufel mit Wakame-Pfeffer-Sauce *Ankou no wakame sosu*

Das ideale Gericht, wenn Sie noch keine Algen probiert haben. Wakame wird normalerweise geputzt, gehackt und getrocknet verkauft. Ungeputzten sollten Sie vorher in warmem Wasser einweichen und den harten Strunk in der Mitte des Blattes entfernen.

ZUTATEN *700 g Seeteufel, gehäutet und in 2,5 cm große Stücke geschnitten ‖ 1 TL Salz ‖ 2 EL Mehl ‖ 2 EL Olivenöl ‖ 5 g Wakame, getrocknet, klein geschnitten, 10 Min. in warmem Wasser eingeweicht ‖ 160 g Spinatblätter, gewaschen ‖ 400 ml ungesüßte Sojamilch ‖ 1 EL Mehl ‖ 1 TL weißer oder gelber Miso ‖ 1 EL geriebener Parmesan ‖ 1 EL zerstoßene grüne Pfefferkörner ‖ 75 g Wasserkresse zum Garnieren*

EINS Den Fisch salzen und mit Mehl bestäuben. **ZWEI** Öl in einer beschichteten Pfanne erhitzen und den Fisch bei mittlerer Hitze 5–7 Min. braten, bis er gleichmäßig gar ist. Die Stücke dabei mehrmals wenden. Aus der Pfanne nehmen und warm halten. **DREI** In der Zwischenzeit Wakame und Spinat in kochendem Wasser 2 Min. blanchieren. Abgießen und in kaltes Wasser legen, um das Weitergaren zu verhindern. Ausdrücken und fein hacken. **VIER** Milch und Mehl verquirlen und sanft erhitzen, bis die Mischung eindickt. Miso nach und nach dazugeben. Vom Herd nehmen und Käse, Pfeffer, Wakame und Spinat unterrühren. **FÜNF** Den Fisch auf 4 Tellern anrichten und die Sauce darübergeben. Mit Wasserkresse garnieren und sofort servieren.

Ergibt 4 Portionen

NÄHRWERTE JE PORTION 1235 kJ – 293 kcal – 36 g Protein – 14 g Kohlenhydrate – 2 g Zucker – 11 g Fett – 2 g gesättigte Fettsäuren – 3 g Ballaststoffe – 847 mg Natrium

GESUNDHEITSTIPP Beim Kauf von Sojamilch sollten Sie darauf achten, dass sie reich an Kalzium und mit den fettlöslichen Vitaminen A und D angereichert ist.

Gedämpfter Lachs aus der Folie mit Gemüse *Sake no hosho mushi*

Der Lachs wird im eigenen Saft und in Sake gedämpft. Wenn man die Päckchen dann am Tisch öffnet, duften sie herrlich. Nira (chinesischer Schnittknoblauch) gibt's in Asialäden und in manchen großen Supermärkten.

ZUTATEN *1 TL Salz ‖ 4 Lachsfilets, insg. ca. 600 g, gehäutet ‖ 15 g weiche Butter ‖ 125 g Shimeji, geputzt ‖ 1/2 Zwiebel, in feinen Ringen ‖ 80 g Nira oder 4 Frühlingszwiebeln, in 5 cm große Stücke geschnitten ‖ 2 EL Sake ‖ Reis zum Servieren*

EINS Aus Butterbrot- oder Backpapier 4 Quadrate à 30 x 30 cm ausschneiden. Jedes Quadrat in der Mitte diagonal falten, aufklappen und auf einer Seite mit Butter fetten. **ZWEI** Lachs salzen und 1 Filet in die Mitte eines Papierquadrats an die Faltkante legen. Ein Viertel Pilze, Zwiebeln und Schnittlauch auf das Filet geben. 1/2 TL Sake darüberträufeln und 1 Prise Salz darüberstreuen. **DREI** Die gegenüberliegende Spitze des Dreiecks umklappen und einschlagen, die beiden anderen Enden zusammendrehen, um ein Päckchen zu formen. Insgesamt 4 Päckchen herstellen. **VIER** Ein tiefes Backblech 1 cm hoch mit Wasser füllen. Päckchen ins Wasser legen und im vorgeheizten Ofen bei 180 °C (Gas Stufe 4) ca. 15 Min. garen, bis die Päckchen sich aufgebauscht haben. **FÜNF** Päckchen auf 4 Tellern anrichten und dazu Reis reichen. Lassen Sie Ihre Gäste die Päckchen am Tisch selbst öffnen!

Ergibt 4 Portionen

NÄHRWERTE JE PORTION 1334 kJ – 320 kcal – 29 g Protein – 2 g Kohlenhydrate – 1 g Zucker – 21 g Fett – 5 g gesättigte Fettsäuren – 0 g Ballaststoffe – 687 mg Natrium

GESUNDHEITSTIPP Lachs zählt zu den fetten Fischen und ist daher kalorienreich. Die in Lachs enthaltenen Fettsäuren sind weitgehend einfach und mehrfach ungesättigt. Er ist reich an Omega-3-Fettsäuren.

Fleisch und Geflügel

Gedämpftes Schweinefilet in Sake-Marinade *Buta no sakamushi*

Der Sake verleiht dem Fleisch den besonderen Geschmack, das Dämpfen ist eine kalorienarme Zubereitung.

ZUTATEN *300 g Schweinefilet ‖ 2 EL Sake oder trockener Sherry ‖ 2 TL grobes Meersalz ‖ 2,5 cm frischer Ingwer, geschält, längs in feine Scheiben geschnitten und in Eiswasser eingeweicht ‖ 2 Frühlingszwiebeln (nur der weiße Teil), halbiert, längs in feine Streifen geschnitten und in Eiswasser eingeweicht ‖ 1 kleiner Salat (roter Eichblattsalat oder römischer Salat), zerteilt und gewaschen*

SAUCE *2 EL Shoyu ‖ 2 EL Reisessig ‖ 1/2 EL Öl aus gerösteten Sesamkörnern ‖ 2 TL geröstete weiße Sesamkörner ‖ 2 Knoblauchzehen, gerieben oder fein gehackt ‖ 2,5 cm frischer Ingwer, geschält und gerieben oder gehackt ‖ 1 getrocknete rote Chili, entkernt und gehackt*

EINS Fleisch in eine ofenfeste Schüssel geben (kein Metall), Sake darüberträufeln und einmassieren. Schüssel abdecken und 3 Std. oder über Nacht im Kühlschrank ziehen lassen. Dabei hin und wieder wenden. Einige Stunden vor der Zubereitung aus dem Kühlschrank nehmen. **ZWEI** Die Schüssel mit dem Fleisch in einen Dampfgarer mit Deckel stellen. Das Fleisch bei sanfter Hitze 20 Min. dämpfen, bis es durch, aber im Kern noch rosa ist. Herd ausschalten und das Fleisch mit Salz bestreuen. Fleisch aufgedeckt im Dampfgarer lassen, bis es abgekühlt ist. Den in der Schüssel verbleibenden Sud aufbewahren. **DREI** Für die Sauce alle Zutaten mit 2 EL des Suds mischen. **VIER** Das Filet in 5 mm breite Scheiben schneiden. Ingwer- und Frühlingszwiebelstreifen abtropfen lassen. **FÜNF** Das Fleisch mit den Frühlingszwiebeln und dem Ingwer auf dem Salat anrichten, Sauce darübergeben und servieren.

Ergibt 4 Portionen

NÄHRWERTE JE PORTION 865 kJ – 207 kcal – 18 g Protein – 2 g Kohlenhydrate – 1 g Zucker – 13 g Fett – 3 g gesättigte Fettsäuren – 0 g Ballaststoffe – 1460 mg Natrium

GESUNDHEITSTIPP Kaufen Sie mageres Schweinefleisch und schneiden Sie alles sichtbare Fett ab, dann ist auch Schwein kaum fettreicher als Rindfleisch.

Heller Hackbraten japanischer Art *Torihiki yaki*

Dieser leichte, kalorienarme Hackbraten besteht aus Hähnchenfleisch, Sojabohnen und Ingwer, was allesamt gut für die Gesundheit ist.

ZUTATEN *400 g Hähnchenbrust ohne Knochen und Haut, gehackt oder fein zerkleinert ‖ 60 g getrocknete Sojabohnen ‖ 2 TL Pflanzenöl ‖ 1 große Zwiebel, fein gehackt ‖ 3 EL Pfeilwurz oder Speisestärke ‖ 2,5 cm frischer Ingwer, geschält, gerieben und ausgepresst ‖ 1/4 TL Salz ‖ 16 grüne Brechbohnen ‖ 12 hart gekochte Wachteleier, gepellt*

SAUCE *2 EL Sake ‖ 2 EL Austernsauce ‖ 1 EL Honig ‖ 1 EL Pfeilwurz oder Speisestärke*

EINS Sojabohnen waschen und über Nacht in warmem Wasser einweichen. Abgießen und in einen Topf mit schwerem Boden geben. Auf das Doppelte ihrer Höhe mit Wasser bedecken. Aufkochen und köcheln lassen, bis die Bohnen weich sind. Abkühlen lassen. **ZWEI** Öl in einer beschichteten Pfanne erhitzen und die Zwiebel glasig andünsten. Zwiebel etwas abkühlen lassen und mit Hähnchen, Sojabohnen, Pfeilwurz, Ingwersaft, Salz und 3 EL Wasser in die Küchenmaschine geben. Glatt mixen. **DREI** Eine 500 ml fassende Terrinen- oder Kuchenform mit Butterbrot- oder Backpapier auslegen. Ein Drittel der Mischung in die Form geben. Die Hälfte der Bohnen und Eier darauflegen und ein weiteres Drittel der Mischung darübergeben. Mit den restlichen Zutaten ebenso verfahren. Die Form vorsichtig schütteln, damit die Luft entweicht und mit Alufolie abdecken. **VIER** Den Braten im vorgeheizten Ofen bei 180 °C (Gas Stufe 4) 20 Min. backen. Mit einem Spieß in den Braten stechen. Wenn klarer Saft austritt, ist das Fleisch durch. **FÜNF** Für die Sauce Sake, Austernsauce und Honig in einem Topf mischen und sanft erhitzen. Pfeilwurz mit 1 EL Wasser mischen und langsam in die Sauce einrühren, um sie einzudicken. Hackbraten in Scheiben schneiden und warm mit der Sauce servieren.

Ergibt 4 Portionen

NÄHRWERTE JE PORTION 1364 kJ – 324 kcal – 32 g Protein – 23 g Kohlenhydrate – 9 g Zucker – 11 g Fett – 2 g gesättigte Fettsäuren – 1 g Ballaststoffe – 640 mg Natrium

GESUNDHEITSTIPP Sojabohnen sind reich an Proteinen und eine gute Eisen- und Zinkquelle. Zink und Eisen sind Bestandteil vieler Enzyme.

Gedämpftes Hühnchen mit spritziger Gemüsesauce

Mushi dori no kurosu an kake Die sämige, schokoladenfarbige Sauce wird mit japanischem schwarzen Essig zubereitet und lässt das gedämpfte Hühnchen schmecken, als ob es in Öl gebraten worden wäre. Das Gericht passt gut zu Salaten wie dem Hakusai-Hüttenkäse-Salat mit Goji-Beeren (S. 112).

ZUTATEN *4 Hähnchenbrüstchen (mit Haut)* ‖ *4 Frühlingszwiebeln, in 5 cm große Stücke geschnitten* ‖ *100 ml Sake* ‖ *1/2 TL Salz* ‖ *Salat zum Servieren*

GEMÜSESAUCE *1 EL Pflanzenöl* ‖ *1 kleine Karotte, fein gehackt* ‖ *15 cm Staudensellerie, fein gehackt* ‖ *1/4 rote Paprika, entkernt und fein gehackt* ‖ *1/4 Zwiebel, fein gehackt* ‖ *4 TL Kurosu oder Balsamicoessig* ‖ *4 TL Honig* ‖ *2 EL Shoyu*

EINS Hähnchen, Frühlingszwiebeln, Sake und Salz in einen Plastikbeutel geben. Darauf achten, dass das Fleisch mit Marinade bedeckt ist und 30 Min. im Kühlschrank ziehen lassen. **ZWEI** Für die Sauce das Öl in einer beschichteten Pfanne erhitzen und Karotte, Sellerie, Paprika und Zwiebel andünsten. Übrige Zutaten dazugeben, abdecken und bei niedriger Hitze 6–7 Min. köcheln lassen. **DREI** Fleisch und Marinade in eine ofenfeste Form geben und mit Alufolie abdecken. **VIER** Das Fleisch 12 Min. im heißen Dampfgarer garen, vom Herd nehmen und 10 Min. ruhen lassen. Haut vom Hähnchen lösen und das Fleisch in 8 mm breite Scheiben schneiden. Mit dem Sud in einer Schüssel aufbewahren. **FÜNF** Hähnchenstreifen ohne Marinade auf 4 Tellern anrichten und die Sauce darübergeben. Warm mit einem Salat servieren.

Ergibt 4 Portionen

NÄHRWERTE JE PORTION 1600 kJ – 384 kcal – 32 g Protein – 10 g Kohlenhydrate – 9 g Zucker – 22 g Fett – 6 g gesättigte Fettsäuren – 1 g Ballaststoffe – 774 mg Natrium

GESUNDHEITSTIPP Bei Hühnchen steckt das meiste Fett in der Haut. Wenn Sie also die Haut nach dem Garen entfernen, wird der Fettgehalt des Gerichts reduziert

Fleischbällchen im Reismantel *Dattan fu mochigome mushi*

Der glänzende Reis, mit dem diese köstlichen Hackbällchen aus Lamm überzogen sind, lässt sie so unwiderstehlich aussehen.

ZUTATEN *100 g Mochigome ‖ 300 g Lammhackfleisch ‖ 1/2 Zwiebel, fein gehackt ‖ 1 TL Zucker ‖ 1 TL Shoyu ‖ 1/3 TL gemahlener Lorbeer ‖ 1 TL Salz*

DIP *50 ml Weißwein ‖ 1 kleine Zwiebel, geviertelt ‖ 1 Apfel, entkernt und geviertelt ‖ 4 EL Zitronensaft ‖ 2,5 cm frischer Ingwer, geschält und gepresst ‖ 2 Knoblauchzehen, gepresst ‖ 3 EL Shoyu ‖ 1/3 TL gemahlener Zimt ‖ 1/2 TL Salz*

ZUM SERVIEREN *3–4 Salatblätter ‖ englischer oder japanischer gelber Senf*

EINS Den Reis waschen, 3 Std. in Wasser einweichen und 30 Min. abtropfen lassen. **ZWEI** Für die Sauce den Wein in einen Topf geben, erhitzen und 3 Min. sprudeln lassen. Vom Herd nehmen. Mit allen anderen Saucenzutaten in die Küchenmaschine geben und zu einer glatten Paste mixen. Beiseitestellen. **DREI** Fleisch und Zwiebel mit den Händen in einer Schüssel mischen. Zucker, Shoyu, Lorbeer und Salz dazugeben, gut durchkneten und die Mischung zu Bällchen von 3 cm Ø formen. **VIER** Den Reis auf einem Tablett ausbreiten und die Fleischbällchen vorsichtig darüberrollen, bis sie gleichmäßig mit Reis überzogen sind. Die Reiskörner nicht in das Fleisch hineinpressen, weil sie dann nicht richtig gegart werden. **FÜNF** Einen vorgeheizten Dampfgarer mit einem alten Geschirrtuch oder mehreren Schichten Küchenpapier auslegen. Fleischbällchen in den Dampfgarer geben und bei großer Hitze ca. 15 Min. garen, bis der Reis durch ist. Etwas abkühlen lassen. **SECHS** Die Finger anfeuchten und die Bällchen aus dem Dampfgarer nehmen. Auf einem Salatbett anrichten und warm mit dem Dip und dem Senf servieren.

Ergibt 16 Bällchen, 4 Portionen

NÄHRWERTE JE PORTION 1055 kJ – 250 kcal – 19 g Protein – 25 g Kohlenhydrate – 5 g Zucker – 7 g Fett – 3 g gesättigte Fettsäuren – 1 g Ballaststoffe – 1512 mg Natrium

GESUNDHEITSTIPP Wenn man Nahrungsmittel wie Reis mit Fleisch kombiniert, kann der Körper die darin enthaltenen Proteine besser für den Aufbau körpereigener Proteine nutzen.

Ente-Lauch-Eintopf *Kamo nabe*

Dieses Gericht wird normalerweise am Tisch zubereitet, ähnlich wie Käsefondue. Der Sud, der übrig bleibt, nachdem man das Gemüse und Fleisch gegart hat, ergibt eine tolle klare Suppe oder schmeckt als Abschluss des Menüs zu Udon-Nudeln.

ZUTATEN *1 EL Pflanzenöl ‖ 3 Entenbrüstchen ohne Knochen ‖ 1/2 Hakusai, längs in 5 cm große Stücke geschnitten ‖ 1 Stange Lauch, in 5 cm lange Stücke geschnitten ‖ ca. 125 g Enoki, geputzt ‖ 1 EL Sake ‖ 1,2 l Dashi (S. 19) ‖ 250 g Mizuna oder Rucola ‖ Sansho und Salz zum Abschmecken*

DIP *4 EL Orangensaft ‖ 4 EL Shoyu ‖ 1 TL Honig ‖ 5 g Kezuri bushi ‖ 1 Stück Konbu von 5 x 5 cm, in Streifen geschnitten*

EINS Für den Dip alle Zutaten in einer Schüssel mischen. Mindesten 1 Std. oder über Nacht ziehen lassen, damit die Aromen sich verbinden. In eine Schüssel abseihen und auf den Tisch stellen. **ZWEI** Das Öl in einer beschichteten Pfanne erhitzen und die Entenbrüstchen bei mittlerer Hitze unter häufigem Wenden ca. 5 Min. anbraten. Das Fleisch etwas abkühlen und auf Küchenpapier abtropfen lassen. In 8 mm breite Scheiben schneiden. **DREI** Gemüse und Fleisch auf einem großen Teller anrichten. 1/2 TL Salz und den Sake unter die Brühe rühren und in einen ofenfesten Tontopf (*Donabe*) oder einen Topf mit schwerem Boden geben. Brühe am Esstisch mit einem Tischkocher aufkochen. 4 Dip-Schälchen für die Gäste vorbereiten. **VIER** Kohl, Lauch und Pilze in die Brühe geben. Ente und Mizuna in Schälchen auf den Tisch geben. Jeder Gast gibt etwas Dip in sein Schälchen und mischt es mit etwas Brühe aus dem Topf. Die einzelnen Zutaten werden dann aus dem großen Topf in die Schälchen gegeben und mit der Sauce, Ente und Mizuna gegessen. Für einen würzigeren Geschmack mit etwas Sansho bestreuen.

Ergibt 4 Portionen

NÄHRWERTE JE PORTION 1867 kJ – 450 kcal – 15 g Protein – 7 g Kohlenhydrate – 5 g Zucker – 40 g Fett – 11 g gesättigte Fettsäuren – 3 g Ballaststoffe – 1170 mg Natrium

GESUNDHEITSTIPP Orangensaft passt gut zu Ente und ist reich an Vitamin C und Folat. Vitamin C ist unabdingbar für ein gesundes Bindegewebe und Folat für Zellbildung und -wachstum.

Pfannengerührtes Schweinegeschnetzeltes in Ingwersauce *Kawari shoga yaki*

Pfannengerührte Kartoffeln schmecken ganz anders als gebackene oder gekochte und sie verleihen diesem Gericht mit Schweinefleisch eine interessante Konsistenz.

ZUTATEN *450 g mageres Schweinefleisch, in feinen Streifen* ‖ *1/2 Zwiebel, in feinen Ringen* ‖ *450 g Kartoffeln, in Stifte geschnitten und in Wasser eingeweicht* ‖ *2 EL Pflanzenöl* ‖ *6 Shiso-Blätter oder thailändisches Basilikum, klein gezupft* ‖ *Reis zum Servieren*

MARINADE *Saft von 2,5 cm frischem Ingwer, geschält, gerieben und ausgepresst* ‖ *2 EL Shoyu* ‖ *2 EL Sake* ‖ *2 EL Mirin* ‖ *1 TL Reisessig*

EINS Für die Marinade alle Zutaten vermischen. Schweinefleisch und Zwiebel in eine Schüssel geben (kein Metall), Marinade darübergießen und 30 Min. ziehen lassen. **ZWEI** Kartoffeln abgießen und unter fließendem Wasser abspülen. Gut abtropfen lassen. **DREI** 1 EL Öl in einer beschichteten Pfanne erhitzen und die Kartoffeln bei mittlerer Hitze ca. 5–7 Min. pfannenrühren, bis sie weich und glasig sind. Auf einen Teller geben. **VIER** Das restliche Öl in die Pfanne geben und Fleisch, Zwiebeln und Marinade pfannenrühren, bis das Fleisch gar ist. Kartoffeln unterrühren und weitere 2 Min. garen. **FÜNF** Shiso-Blätter unterrühren und vom Herd nehmen. Warm mit einer Schüssel Reis servieren.

Ergibt 4 Portionen

NÄHRWERTE JE PORTION 1369 kJ – 327 kcal – 27 g Protein – 22 g Kohlenhydrate – 2 g Zucker – 14 g Fett – 3 g gesättigte Fettsäuren – 2 g Ballaststoffe – 526 mg Natrium

GESUNDHEITSTIPP Ingwer wird nachgesagt, dass er gut für den Kreislauf ist. Außerdem hilft er Übelkeit und Magenkrämpfe zu lindern.

Knusprig gegrillte Leber *Leba yaki*

Geröstete Sesamkörner machen dieses Gericht so knusprig. Die Brandy-Miso-Marinade verfeinert den herben Geschmack der Leber.

ZUTATEN *450 g Schweine- oder Lammleber, in 8 mm breite Streifen geschnitten* || *4 EL geröstete weiße Sesamkörner* || *2 EL Pfeilwurz* || *1 TL Salz* || *4 EL geröstete schwarze Sesamkörner*

BRANDY-MISO-MARINADE *1 EL Brandy* || *1 TL Zitronensaft* || *2 EL Miso* || *2 EL Mirin* || *1 Knoblauchzehe, gepresst*

ZUM SERVIEREN *grüner Salat* || *Öl aus gerösteten Sesamkörnern*

EINS Für die Marinade alle Zutaten vermischen. Leber in eine Schüssel (kein Metall) geben, Marinade darübergießen, in den Kühlschrank stellen und 18–48 Std. ziehen lassen. **ZWEI** Weiße Sesamkörner mit 1 EL Pfeilwurz und 1/2 TL Salz auf einem kleinen Teller mischen. Mit den schwarzen Sesamkörnern ebenso verfahren. **DREI** Die Leber mit Küchenpapier abtupfen. Die Hälfte in der Mischung aus weißem Sesam wenden und gleichmäßig überziehen. Die andere Hälfte in der Mischung aus schwarzen Körnern wenden. **VIER** Ein Backblech mit etwas Öl bestreichen und die Leber darauflegen. Unter dem auf mittlere Hitze vorgeheizten Grill 7–8 Min. grillen. Dabei einmal wenden und nicht zu lange garen. **FÜNF** Warm servieren und dazu einen einfachen grünen Salat mit etwas Sesamöl reichen.

Ergibt 4 Portionen

NÄHRWERTE JE PORTION 1643 kJ – 394 kcal – 28 g Protein – 9 g Kohlenhydrate – 1 g Zucker – 26 g Fett – 5 g gesättigte Fettsäuren – 0 g Ballaststoffe – 850 mg Natrium

GESUNDHEITSTIPP Leber enthält ganz besonders viel Eisen und liefert auch die fettlöslichen Vitamine A und D in großer Menge. Schwangere sollten allerdings nicht allzu viel Leber essen, da der hohe Gehalt an Vitamin A dem sich entwickelnden Kind schaden könnte.

Würziges Hähnchen *Tori no koshou yaki* Ein Rezept für alle, die scharfes Essen lieben. Die Sansho-Pfeffer-Kruste prickelt herrlich auf der Zunge.

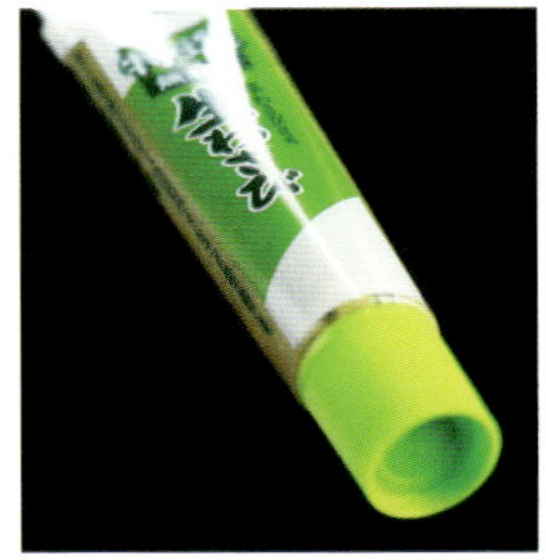

ZUTATEN *450 g Hähnchenbrust (mit Haut) ‖ 1 EL Sake ‖ 1 TL Salz ‖ 1 TL zerstoßene gemischte Pfefferkörner ‖ 1 TL Sansho oder gemahlener weißer Pfeffer ‖ 1 EL Limetten-, Zitronen- oder Orangenschale ‖ 2 EL Öl aus gerösteten Sesamkörnern*

DRESSING *2 EL Reisessig ‖ 4 EL Pflanzenöl ‖ 1 TL Wasabi ‖ 1/2 TL Salz*

SALAT *250 g gemischte junge Salatblätter, Salatgurke, Chicorée, Lauch, Kerbel und Radicchio*

EINS Das Hähnchen rundherum mit einer Gabel oder einem Spieß einstechen und in einen Plastikbeutel geben. Sake und Salz dazugeben und wenden, um das Fleisch damit zu überziehen. 30 Min. marinieren. **ZWEI** Das Fleisch mit Pfeffer, Sansho und Zitrusschale überziehen. Gut festdrücken. **DREI** Öl in einer beschichteten Pfanne erhitzen und Hähnchen mit der Hautseite nach unten hineingeben. Flach drücken und bei mittlerer Hitze ca. 5 Min. anbraten, bis die Haut knusprig ist. Wenden und abgedeckt bei niedriger Hitze weitere 10–15 Min. garen. Wenn das Fleisch fast durch ist, Deckel abnehmen und fertig garen. Fleisch etwas abkühlen lassen und in Würfel von 2,5 cm schneiden. **VIER** In der Zwischenzeit für das Dressing alle Zutaten vermischen. Für den Salat alle Zutaten in 1 cm breite Streifen schneiden und mischen. **FÜNF** Das Hähnchen heiß mit Salat und Dressing servieren.

Ergibt 4 Portionen

NÄHRWERTE JE PORTION 1750 kJ – 423 kcal – 21 g Protein – 2 g Kohlenhydrate – 2 g Zucker – 37 g Fett – 9 g gesättigte Fettsäuren – 1 g Ballaststoffe – 812 mg Natrium

GESUNDHEITSTIPP Salatblätter, Gurken und Chicorée enthalten viele Vitamine, insbesondere Folat, das für Zellbildung und -wachstum sehr wichtig ist.

Steak mit Reistuben *Wafu steki to kiritanpo*

Reistuben (*kiritanpo*) sind im Norden Japans beliebt, wo sie oft gegrillt oder zu Eintöpfen aus Wildvögeln und -kräutern gereicht werden. Zusammen mit den Steaks nach Teriyaki-Art ergeben sie eine sättigende Mahlzeit.

ZUTATEN *480 g frisch gekochter weißer Reis (S. 17) ‖ 1/3 TL Salz ‖ Pflanzenöl zum Bestreichen ‖ 2 lange, schmale Auberginen oder 1 große, runde, längs in 5 mm breite Scheiben geschnitten ‖ je 1 rote und grüne Paprika, entkernt und längs in 5 mm breite Streifen geschnitten ‖ 8 grüne Spargelstangen, blanchiert ‖ 600 g Rumpsteak ‖ 4 Knoblauchzehen, grob gehackt ‖ 3 TL Shoyu ‖ 1 EL Sake ‖ Salz und zerstoßener weißer Pfeffer ‖ 4 Schnittlauchstängel zum Garnieren ‖ 1 Zitrone, in 8 Spalten geschnitten, zum Servieren*

EINS Reis in eine Schüssel geben und mit einer Gabel zu Brei zerdrücken. Salzen und in 8 Portionen teilen. Eine Portion auf einem Stück Frischhaltefolie oder einem Makisu verteilen. Ein mit etwas Öl bestrichenes Essstäbchen an die untere Kante des Reis legen und zu einer festen langen Tube aufrollen. Stäbchen herausziehen und Tube auf ein leicht geöltes Backblech legen. Insgesamt 8 Tuben herstellen. **ZWEI** Auberginen-, Paprikascheiben und Spargel mit Öl bestreichen. Reis und Gemüse auf dem Tischgrill oder unter dem vorgeheizten Grill grillen, bis der Reis goldbraun und das Gemüse braun ist. **DREI** Steaks in eine Pfanne geben, mit etwas Salz bestreuen und oben mit Knoblauch und Pfeffer überziehen. Steaks so durch braten, wie Sie es mögen. Kurz bevor Sie die Pfanne vom Herd nehmen, Shoyu angießen. Er verkocht, sobald er in der Pfanne ist. Fleisch auf eine vorgewärmte Platte legen und kurz vor dem Servieren in 2 cm breite Scheiben schneiden. **VIER** Sake in die Pfanne geben und unter Rühren 1 Min. erhitzen. Den Sud als Sauce aufbewahren. **FÜNF** Reistuben und Gemüse auf einer Platte anrichten, dann die Steakstreifen dazulegen. Sauce darübergeben und mit Schnittlauch garnieren. Sofort mit Zitronenspalten servieren.

Ergibt 4 Portionen

NÄHRWERTE JE PORTION 1795 kJ – 426 kcal – 41 g Protein – 43 g Kohlenhydrate – 5 g Zucker – 11 g Fett – 3 g gesättigte Fettsäuren – 5 g Ballaststoffe – 880 mg Natrium

GESUNDHEITSTIPP Ergänzend zu den hochwertigen Proteinen des Steaks liefern Reis und Gemüse bei diesem Gericht viele Vitamine und Ballaststoffe.

Schweinefleisch-Wraps mit Gemüse und Pilzen

Yasai no niku maki Dieses Gericht kommt mit wenig Fleisch aus, aber die Gemüsefüllung nimmt das Aroma auf und macht die Wraps zu einer köstlichen, sättigenden Mahlzeit.

ZUTATEN *2 Karotten, längs in 5 x 5 mm breite Stifte geschnitten ‖ 8 kleine Schweineschnitzel oder 8 Scheiben ungeräucherter Speck ‖ 125 g Enoki, gesäubert ‖ 8 grüne Spargelstangen ‖ 1 EL Pflanzenöl ‖ Salz und Pfeffer*

SÜSSE CHILISAUCE *3 EL Reisessig ‖ 3 EL Zucker ‖ 3 EL Wasser ‖ 1 Knoblauchzehe, fein gehackt ‖ 1 getrocknete Chili, sehr fein gehackt ‖ 1 TL Paprikapulver ‖ 1 1/2 TL Shoyu ‖ 1/2 TL Pfeilwurz*

EINS Karotten 2 Min. in Salzwasser blanchieren, abtropfen und abkühlen lassen. **ZWEI** Schweineschnitzel oder Speckscheiben auf einer Arbeitsfläche ausbreiten und mit je einem Achtel der Pilze, 2 Karottenstiften und 1 Spargelstange belegen und aufrollen. Mit Salz und Pfeffer bestreuen. (Nicht salzen, wenn Sie Speck verwenden.) **DREI** Öl in einer beschichteten Pfanne erhitzen, Wraps mit der Faltstelle nach unten hineingeben und 6–8 Min. sanft anbraten. **VIER** Für die Sauce alle Zutaten außer der Pfeilwurz vermischen. Pfeilwurz mit 1/2 TL Wasser mischen und in die Sauce einrühren, bis sie eindickt. **FÜNF** Die Wraps halbieren und auf 4 Tellern anrichten. Warm mit der Sauce servieren.

Ergibt 4 Portionen

NÄHRWERTE JE PORTION 866 kJ – 206 kcal – 15 g Protein – 21 g Kohlenhydrate – 20 g Zucker – 8 g Fett – 2 g gesättigte Fettsäuren – 2 g Ballaststoffe – 160 mg Natrium

GESUNDHEITSTIPP Pilze enthalten recht große Mengen mehrerer B-Vitamine sowie Kupfer. Kupfer ist ein Spurenelement, das Bestandteil vieler Enzyme, vor allem in Muskulatur, Leber und Knochen, ist.

Langsam gegartes Rindfleisch mit Gemüse *Niku jyaga*

Langsam gegarte Gerichte sind der Inbegriff der traditionellen Küche, wie sie von den Japanern zu Hause zubereitet wird, und werden manchmal als „der Geschmack der Mutter" bezeichnet. Dieses beliebte Gericht kann im Voraus zubereitet werden. Um das Fleisch besser schneiden zu können, stellt man es am besten für 2–3 Std. ins Gefrierfach, sollte es aber dennoch nicht zu hart werden lassen.

ZUTATEN *250 g Shirataki-Nudeln* ‖ *2 EL Pflanzenöl* ‖ *200 g Beefsteak, in feinen Streifen* ‖ *1 große Zwiebel, in Ringen* ‖ *700 g neue Kartoffeln, ganz, große halbiert* ‖ *1 Karotte, in dicken Scheiben* ‖ *1 EL Sake* ‖ *1 EL Zucker* ‖ *2 EL Shoyu* ‖ *1 TL Mirin* ‖ *3 EL blanchierte grüne Erbsen (frisch oder tiefgefroren)* ‖ *Reis zum Servieren*

EINS Nudeln in ein Sieb geben und mit reichlich heißem, gerade aufgekochtem Wasser übergießen. Abtropfen und in 5–8 cm lange Stücke schneiden. **ZWEI** Öl bei mittlerer Hitze in einer Pfanne mit schwerem Boden erhitzen und Fleisch und Zwiebel anbraten, bis das Fleisch Farbe bekommt. Das Fleisch in die Mitte der Pfanne schieben. Nudeln, Kartoffeln und Karotte dazugeben. **DREI** Sake, Zucker, Shoyu und Mirin mischen und die Mischung über das Fleisch geben. 1 Min. warten und 300 ml Wasser über das Fleisch gießen. Abgedeckt ca. 10–15 Min. köcheln lassen, bis Kartoffeln und Karotte gar, aber noch nicht zu weich sind. **VIER** Erbsen dazugeben und vom Herd nehmen. Heiß mit einer Schüssel Reis servieren.

Ergibt 4 Portionen

NÄHRWERTE JE PORTION 1304 kJ – 310 kcal – 15 g Protein – 44 g Kohlenhydrate – 13 g Zucker – 9 g Fett – 2 g gesättigte Fettsäuren – 7 g Ballaststoffe – 58 mg Natrium

GESUNDHEITSTIPP Shirataki sind gelatinehaltige Nudeln, die aus der Stärke einer Art Yams zubereitet werden. Sie sind reich an Ballaststoffen und haben wenig Kalorien. Deswegen werden sie in Japan gern für Diätgerichte und traditionelle Gerichte verwendet.

Gemüse

緑の季節の風物詩。
水煮

Tofu-Wakame-Salat mit Frühlingszwiebeln *Aggé to negi no yohu nuta*

Dieser köstliche Salat geht auf ein Yakuzen-Menü zurück, das aus Speisen besteht, die speziell zu medizinischen Zwecken hergestellt werden. Saikyo Miso enthält weniger Salz als gewöhnlicher Miso. Wenn Sie letzteren verwenden, sollten Sie das Salz weglassen.

ZUTATEN *4 Frühlingszwiebeln, in 3 cm lange Stücke geschnitten ‖ 5 g getrockneter Wakame, 5 Min. in Wasser eingeweicht ‖ 2 Abura Age ‖ 2–3 Zweige Wasserkresse zum Garnieren*

DRESSING *5 TL Reisessig ‖ 3 EL Pflanzenöl ‖ 1 TL Zucker ‖ 1 EL Saikyo Miso ‖ 1/2 TL Salz ‖ weißer Pfeffer*

EINS Frühlingszwiebeln in einem kleinen Topf 1 Min. in Wasser kochen, dann den abgetropften Wakame dazugeben. 1 weitere Min. kochen. In ein unter fließendes kaltes Wasser gehaltenes Sieb abgießen. Gut abtropfen und abkühlen lassen. **ZWEI** Abura Age in ein Sieb geben und mit heißem Wasser übergießen, um das vom Tofu aufgesogene Öl abzuspülen. Wasser mit den Händen ausdrücken, wenn der Tofu abgekühlt ist. Unter dem auf mittlere Temperatur vorgeheizten Grill grillen, bis beide Seiten knusprig sind. Dabei einmal wenden. In 0,5 x 2,5 cm große Stücke schneiden. **DREI** Für das Dressing alle Zutaten vermischen. Gut vermengen. **VIER** Wakame, Frühlingszwiebeln und Abura Age mit dem Dressing in eine Schüssel geben. Mit Wasserkresse garnieren und servieren.

Ergibt 4 Portionen

NÄHRWERTE JE PORTION 569 kJ – 137 kcal – 5 g Protein – 3 g Kohlenhydrate – 2 g Zucker – 12 g Fett – 1 g gesättigte Fettsäuren – 0 g Ballaststoffe – 470 mg Natrium

GESUNDHEITSTIPP Frühlingszwiebeln enthalten Lutein und Zeaxanthin, die vermutlich zur Vorbeugung einer Makuladegeneration in den Augen beitragen.

Gegrillte Shiitake mit Orangensauce *Shiitake no mikan ae*

Shiitake haben ein ganz eigenes erdiges Aroma, das manche zu dominant finden. Die Orangensauce gleicht den Geschmack der Pilze etwas aus, sodass jeder ihr *umami* (Aroma) genießen kann.

ZUTATEN *250 g Shiitake, ohne Stängel* ‖ *2 TL Pflanzenöl* ‖ *2 EL Sake oder trockener Sherry* ‖ *1 Frühlingszwiebel, fein gehackt* ‖ *3 EL Shoyu* ‖ *3 EL Orangensaft* ‖ *5 g Kezuri bushi* ‖ *2 TL feine Orangenzesten zum Garnieren*

EINS Shiitakeköpfe kreuzförmig flach einritzen. Öl in einer beschichteten Pfanne erhitzen und die Pilze nacheinander mit der Oberseite nach oben hineinsetzen. Abgedeckt bei mittlerer Hitze 2 Min. garen, dann wenden. **ZWEI** Sake über die Pilze träufeln. Auf niedrige Stufe herunterschalten und abgedeckt 5 Min. garen. Pilze wieder wenden. **DREI** Frühlingszwiebeln, Shoyu und Orangensaft mischen. Mischung über die Pilze gießen und Pfanne vom Herd nehmen. Deckel wieder aufsetzen und 5 Min. marinieren. **VIER** Pilze auf einem großen Teller anrichten und mit Kezuri bushi bestreuen. Mit Orangenzesten garnieren und warm servieren.

Ergibt 4 Portionen als Beilage

NÄHRWERTE JE PORTION 180 kJ – 43 kcal – 3 g Protein – 2 g Kohlenhydrate – 1 g Zucker – 2 g Fett – 0 g gesättigte Fettsäuren – 1 g Ballaststoffe – 650 mg Natrium

GESUNDHEITSTIPP Pilze werden hauptsächlich ihres Geschmacks wegen gegessen und enthalten nicht viele Nährstoffe. Durch den Orangensaft in der Sauce enthält das Gericht Vitamin C, etwas Folat und Kalzium.

Satoimo-Eintopf *Satoimo no nimono*

Nimono bedeutet Eintopf. In der japanischen Küche zählten Eintöpfe lange zu den Basisgerichten. Dies ist ein traditionelles Rezept, das seit vielen Generationen geschätzt wird.

ZUTATEN *600 g Satoimo, gewaschen ‖ 5 EL Umeshu ‖ 5 EL Shoyu ‖ 1 EL Sake ‖ 12 junge Karotten ‖ 250 g feine Brechbohnen ‖ Schale einer 1/4 Yuzu oder Limette, in Zesten*

EINS Enden der Satoimo abschneiden und dick abschälen. Der Saft der Satoimo ist recht klebrig, tauchen Sie sie daher während des Schälens in eine Schüssel mit Wasser. Die geschälten Satoimo in ein Sieb legen und unter fließendem Wasser einige Minuten abwaschen. **ZWEI** In einen Dampfgarer geben und ca. 20 Min. garen, bis sie weich sind. **DREI** Umeshu, Shoyu und Sake in einem mittelgroßen Topf mit schwerem Boden mischen und 200 ml Wasser dazugeben. Karotten hineingeben und aufkochen. Temperatur herunterschalten und Satoimo hineingeben. Auf niedriger Stufe 10 Min. köcheln lassen. Den Topf dabei hin und wieder schütteln. **VIER** Die Bohnen in Salzwasser 3–4 Min. blanchieren und in den Topf dazugeben. Vom Herd nehmen, Zitrusschale darüberstreuen und heiß servieren.

Ergibt 4 Portionen als Beilage

NÄHRWERTE JE PORTION 990 kJ – 233 kcal – 63 g Protein – 50 g Kohlenhydrate – 6 g Zucker – 1 g Fett – 0 g gesättigte Fettsäuren – 9 g Ballaststoffe – 1100 mg Natrium

GESUNDHEITSTIPP Satoimo enthalten viele Ballaststoffe, die für einen gesunden Darm und bei der Vorbeugung von Darmkrebs unerlässlich sind.

Gefüllter Kürbis *Mushi kabocha sasage zume*

Dieses wärmende Gericht schmeckt am besten an einem kalten Wintertag. Obwohl traditionell gelber Miso verwendet wird, können Sie auch jeden anderen nehmen. Statt Kabocha-Kürbis tut's auch ein normaler von etwa 20 cm Durchmesser.

ZUTATEN *1 Kabocha-Kürbis ‖ 230 g getrocknete Sasage- oder Adukibohnen oder 850 g Adukibohnen aus der Dose ‖ 2 TL Pflanzenöl ‖ 2 Knoblauchzehen, gepresst ‖ 2,5 cm frischer Ingwer, geschält und gerieben oder fein gehackt ‖ 1 rote Zwiebel, fein gehackt ‖ 50 g getrocknete Kürbiskerne ‖ 1 EL schwarze Sesamkörner ‖ 2 EL Shoyu ‖ 2 TL Mehl ‖ Vollkornbrotkrumen (nach Belieben)*

SAUCE *4 EL gelber Miso ‖ 2 EL Dashi (S. 19) oder Wasser ‖ 1 EL Mirin ‖ 1 Prise Muskatnuss*

EINS Oberseite des Kürbis abschneiden und alle Kerne entfernen, sodass eine „Schüssel" entsteht. **ZWEI** Getrocknete Bohnen kochen (S. 12). Abtropfen und mit einer Gabel zerdrücken. **DREI** Öl in einer kleinen beschichteten Pfanne erhitzen und Knoblauch, Ingwer und Zwiebel weich dünsten. Zwiebelmischung mit Bohnen, getrockneten Kürbiskernen, Sesamkörnern und Shoyu vermengen. **VIER** Die Innenseite des Kürbis mit Mehl bestäuben und mit der Bohnenmischung füllen. Wenn der Kürbis sehr groß ist und über der Füllung mehr als 5 cm Rand sind, einige Vollkornbrotkrumen unter die Füllung mischen. **FÜNF** Eine große Bratform 5 cm hoch mit Wasser füllen, Kürbis hineinsetzen und im vorgeheizten Ofen bei 240 °C (Gas Stufe 9) 45–60 Min. backen. Der Kürbis ist gar, wenn man mit einem Spieß an der Seite leicht hineinstechen kann. Herd ausschalten und Kürbis im Ofen warm halten. **SECHS** Für die Sauce alle Zutaten in einem kleinen Topf mischen. Unter ständigem Rühren sanft erwärmen, bis sie an der Oberfläche blubbert. Kürbis in 6–8 Stücke schneiden und warm mit der Sauce servieren.

Ergibt 6–8 Portionen als Hauptspeise

NÄHRWERTE JE PORTION 1025 kJ – 243 kcal – 14 g Protein – 32 g Kohlenhydrate – 5 g Zucker – 7 g Fett – 1 g gesättigte Fettsäuren – 6 g Ballaststoffe – 790 mg Natrium

GESUNDHEITSTIPP Das meiste Obst und Gemüse mit rotem oder orangefarbenem Fruchtfleisch enthält viel Karotin, Kürbis jedoch eher wenig.

Fünf-Gemüse-Pickle *Gomoku yasai zuke*

Pickles sind ein unentbehrlicher Bestandteil der japanischen Küche. Diese vitaminreiche Variante schmeckt zu frisch gekochtem Reis oder als Salat. Das Gemüse hält sich bis zu einer Woche im Kühlschrank.

ZUTATEN *100 g Radieschen* ‖ *200 g Gurke* ‖ *100 g Karotte, geschält und in Streifen geschnitten* ‖ *50 g Brokkolistrunk, geschält und in feine Streifen geschnitten* ‖ *1 kleiner Apfel, entkernt und in feine Scheiben geschnitten* ‖ *2,5 cm frischer Ingwer, geschält und in feine Streifen geschnitten* ‖ *1 kleine getrocknete Chili, entkernt und fein gehackt* ‖ *1 EL Apfelweinessig* ‖ *1 Stück Konbu von 5 x 5 cm, in 1 x 2,5 cm große Stücke geschnitten* ‖ *1 TL Salz*

EINS Radieschen und Gurke zusammen in ein Geschirrtuch einwickeln und mit einem Nudelholz zerdrücken. **ZWEI** Alle Zutaten in einen Plastikbeutel geben. So viel Luft wie möglich herauspressen und Öffnung verschließen. Den Beutel mit den Händen kneten, sodass das Gemüse von der Flüssigkeit überzogen wird und mind. 30 Min. oder über Nacht im Kühlschrank ziehen lassen. **DREI** Das Pickle mit Reis oder einem Reisgericht servieren. Alternativ das Gemüse als Salat servieren. Dazu das Gemüse vorher 1 Std. in Wasser einweichen, abtropfen lassen und mit 1 TL Pflanzenöl und 1 TL Apfelessig mischen.

Ergibt 4 Portionen

NÄHRWERTE JE PORTION 128 kJ – 30 kcal – 2 g Protein – 6 g Kohlenhydrate – 5 g Zucker – 0 g Fett – 0 g gesättigte Fettsäuren – 2 g Ballaststoffe – 544 mg Natrium

GESUNDHEITSTIPP Brokkoli enthält wie das meiste dunkelgrüne Gemüse reichlich Folat, das wichtig für Zellbildung und -wachstum und daher besonders in der frühen Phase der Schwangerschaft sehr wertvoll ist.

Gurken-Algen-Salat *Kyuri to kaiso sunomono*

Algen sollten als Meeresgemüse wirklich bekannter und außerhalb Japans beliebter werden, denn sie verfügen über unglaubliche anti-aging Eigenschaften.

ZUTATEN *1 TL Salz ‖ 2 kleine Gurken, in feinen Scheiben ‖ 5 g gemischte Algen, wie Wakame, Dulse, Kelp, Arame, Meeresspaghetti und Irisch Moos, 10 Min. in warmem Wasser eingeweicht und abgetropft ‖ 2,5 cm frischer Ingwer, geschält und in feine Streifen geschnitten*

DRESSING *3 EL Reisessig ‖ 1 EL Zucker ‖ 1 EL Dashi (S. 19) ‖ 1 TL Shoyu ‖ 1 TL geröstete weiße Sesamkörner ‖ 1 TL japanischer oder englischer Senf*

EINS Gurken mit Salz bestreuen und 10 Min. weich werden lassen. Abspülen und abtropfen. **ZWEI** Algen gegebenenfalls in mundgerechte Stücke schneiden und überschüssiges Wasser ausdrücken. **DREI** Für das Dressing alle Zutaten in einer Schüssel mischen. **VIER** Kurz vor dem Servieren Gurkenscheiben, Algen und Ingwer in einer Schüssel mischen und mit dem Dressing als Beilage zu Fleisch- und Fischgerichten servieren.

Ergibt 4 Portionen als Beilage

NÄHRWERTE JE PORTION 160 kJ – 38 kcal – 2 g Protein – 1 g Kohlenhydrate – 7 g Zucker – 6 g Fett – 1 g gesättigte Fettsäuren – 0 g Ballaststoffe – 570 mg Natrium

GESUNDHEITSTIPP Dieser erfrischende Salat und das fettfreie Dressing sind nicht nur äußerst kalorienarm, sondern auch sehr nährstoffreich. Sie enthalten viele wertvolle Mineralien, die Haut und Haaren helfen gesund zu bleiben.

Hakusai-Hüttenkäse-Salat mit Goji-Beeren *Hakusai to kukonomi salada*

Goji-Beeren (*Kukonomi*) werden in China seit mehr als 400 Jahren gegessen und sind wichtiger Bestandteil der *Yakuzen*-Ernährung, der gesunden Ernährung. Sie sind auch als Wolfsbeeren bekannt und in Reform- oder Asialäden erhältlich.

ZUTATEN *2 EL getrocknete Kukonomi, 5 Min. in warmem Wasser eingeweicht* ‖ *1 Nashi-Birne, geschält, entkernt, geviertelt und in Scheiben geschnitten* ‖ *1/8 Hakusai, in dicken Rippen* ‖ *1 Bund Mitsuba-Blätter oder 1 Handvoll Mizuna-Blätter, grob gehackt* ‖ *5 EL Hüttenkäse*

DRESSING *1 Frühlingszwiebel (nur der weiße Teil), fein gehackt* ‖ *2 EL Öl aus gerösteten Sesamkörnern* ‖ *2 EL Reisessig* ‖ *1 EL Honig* ‖ *1/2 TL Salz* ‖ *1 EL weißer Suri Goma (S. 20)* ‖ *1 Prise Chilipfeffer*

EINS Für das Dressing alle Zutaten verquirlen. Bis zur Verwendung in den Kühlschrank stellen. **ZWEI** Beeren abtropfen und in einer Schüssel vorsichtig mit Birne, Kohl und Mitsuba-Blättern mischen. **DREI** Direkt vor dem Servieren das Dressing über den Salat gießen. Schnell vermengen und Hüttenkäse daraufgeben. Kalt servieren.

Ergibt 4 Portionen als Beilage

NÄHRWERTE JE PORTION 640 kJ – 150 kcal – 8 g Protein – 10 g Kohlenhydrate – 10 g Zucker – 9 g Fett – 2 g gesättigte Fettsäuren – 1 g Ballaststoffe – 448 mg Natrium

GESUNDHEITSTIPP Hüttenkäse ist kalorienarm und eine hervorragende Protein- und Kalziumquelle. Goji-Beeren enthalten viel Karotin und sind ein nützliches Antioxidans.

Pfannengerührte Bohnenkeimlinge mit Chili *Moyashi itame*

Bohnenkeimlinge sind preiswert und vielseitig und daher eine beliebte Zutat der japanischen Küche. Dies hier ist ein schnell gemachtes, einfaches Gericht für stressige Tage. Für eine vegetarische Version können Sie aus Pilzen hergestellte Austernsauce nehmen.

ZUTATEN *2 EL Öl aus gerösteten Sesamkörnern ‖ 1 Knoblauchzehe, fein gehackt ‖ 1 cm frischer Ingwer, geschält und fein gehackt ‖ 1 kleine getrocknete Chili, entkernt und fein gehackt ‖ 400 g Bohnenkeimlinge, gewaschen (S. 12) ‖ 250 g grüner Spargel, längs halbiert und in schräge Streifen geschnitten ‖ 50 g Shiitake, in feinen Scheiben ‖ 50 g Karotten, in Streifen geschnitten ‖ 1 EL Pfeilwurz oder Speisestärke ‖ Reis zum Servieren*

GEWÜRZ *2 EL Mirin ‖ 1 EL roter Miso ‖ 1 EL Shoyu ‖ 2 TL Chinesische Chili-Bohnen-Paste ‖ 1 TL Austernsauce*

EINS Gewürze mit 200 ml Wasser mischen und bis zur Verwendung beiseitestellen. **ZWEI** Sesamöl in einem Wok oder einer großen beschichteten Pfanne bei hoher Temperatur erhitzen und Knoblauch, Ingwer und Chili 1 Min. andünsten. Das gesamte Gemüse in die Pfanne geben. 3 Min. gut vermengen. Dann die Gewürzmischung dazugeben. Weitere 2 Min. garen. **DREI** Pfeilwurz mit 1 EL Wasser mischen. Unter das Gemüse rühren, gut vermischen und vom Herd nehmen, wenn die Flüssigkeit eingedickt ist. Sofort mit einer Schüssel Reis servieren.

Ergibt 4 Portionen als Beilage

NÄHRWERTE JE PORTION 596 kJ – 143 kcal – 8 g Protein – 13 g Kohlenhydrate – 3 g Zucker – 7 g Fett – 1 g gesättigte Fettsäuren – 2 g Ballaststoffe – 660 mg Natrium

GESUNDHEITSTIPP Durch Bohnenkeimlinge bekommt ein Gericht knackigen Biss. Außerdem enthalten sie kleine Mengen der meisten B-Vitamine.

Gegrillter Bambusschössling mit Kräutercreme

Yaki takenoko Die Kombination aus Bambusschössling und erfrischendem grünen Dressing symbolisiert den Frühlingswind, dem traditionell die Kraft zugeschriebenen wird, alles frisch und neu zu machen.

ZUTATEN *1 ganzer gekochter Takenoko* ‖ *50 ml Shoyu* ‖ *1 1/2 EL Mirin* ‖ *1/2 TL Sansho oder gemahlene grüne Pfefferkörner*

KRÄUTERCREME *Kinome-Blätter (Blätter des Szechuanpfeffer-Baums)* ‖ *50 g Wasserkresse, davon eine Handvoll fein gehackte Blätter zum Garnieren beiseitelegen* ‖ *3 EL Naturjoghurt* ‖ *1 EL Mayonnaise* ‖ *1 TL Shoyu*

EINS Bambusschössling längs in 8 Stücke schneiden. Shoyu, Mirin und Sansho mischen und Bambusschösslinge 10 Min. marinieren. **ZWEI** Für die Kräutercreme Kinome-Blätter (bis auf 1 Blatt) zusammen mit der Wasserkresse mit Mörser und Stößel grob zerreiben. Mit Joghurt, Mayonnaise und Shoyu mischen. Alternativ alles zusammen in der Küchenmaschine mixen. Beiseitestellen. **DREI** Bambusschösslinge unter dem auf mittlere Temperatur vorgeheizten Grill oder auf dem Tischgrill 7–10 Min. grillen. Dabei alle paar Minuten wenden und mit der Marinade bestreichen, damit die Schösslinge nicht anbrennen. Vom Grill nehmen, wenn die Ränder knusprig sind. Warm mit der Kräutercreme servieren und mit den übrigen Wasserkresse- und Kinome-Blättern garnieren.

Ergibt 4 Portionen als Beilage

NÄHRWERTE JE PORTION 409 kJ – 99 kcal – 4 g Protein – 4 g Kohlenhydrate – 3 g Zucker – 7 g Fett – 1 g gesättigte Fettsäuren – 2 g Ballaststoffe – 930 mg Natrium

GESUNDHEITSTIPP Wasserkresse enthält viel Kalzium und Folat. Durch das Kochen geht ein großer Anteil des Folats in Gemüse verloren. Daher ist es empfehlenswert, zur Aufnahme dieses Vitamins Folat enthaltende Nahrungsmittel zu wählen, die auch roh verzehrt werden können.

Lotusblüten und schwarze Bohnen in Currysauce

Renkon to kuromame kare fumi Der Kontrast der Farben und Konsistenzen macht dieses Gericht so verlockend. Es passt wunderbar zu Rind oder Sake. Schwarze Kidneybohnen gibt's in Asialäden. Nach Belieben können Sie statt der Worcestershire-Sauce eine für Vegetarier geeignete braune Sauce nehmen.

ZUTATEN *80 g getrocknete schwarze oder rote Kidneybohnen oder 200 g gekochte Bohnen, abgetropft ‖ 1 TL Backpulver ‖ 300 g Renkon ‖ 50 ml Reisessig ‖ 3 EL Pflanzenöl ‖ Reis zum Servieren*

CURRYSAUCE *200 ml Dashi (siehe S. 19) ‖ 1 Knoblauchzehe, zerdrückt ‖ 1 EL Worcestershire-Sauce ‖ 1 EL Tomatenpüree ‖ 3 EL Shoyu ‖ 1 EL Mirin ‖ 1 TL Honig ‖ 1/2 EL mildes Currypulver*

EINS Getrocknete Bohnen waschen und mit heißem Wasser bedecken. 1/2 TL Backpulver dazugeben und über Nacht bei Raumtemperatur stehen lassen. Die Bohnen abspülen und in frischem Wasser 3–4 Std. auf niedriger Stufe köcheln lassen, bis sie weich sind. **ZWEI** Für die Currysauce alle Zutaten in einem mittelgroßen Topf mit schwerem Boden erhitzen. Aufkochen, gegarte Bohnen hineingeben und 15 Min. köcheln lassen. **DREI** Den Renkon schälen. Essig mit 600 ml Wasser in einen Topf geben und den Renkon weich kochen. In 5 mm breite Scheiben schneiden und auf Küchenpapier trocknen. **VIER** Öl in einer beschichteten Pfanne erhitzen und die Scheiben portionsweise anbraten, bis die Ränder goldgelb sind. Aus dem Öl nehmen und auf Küchenpapier trocken tupfen. **FÜNF** Die Renkonscheiben zu den Bohnen geben. Weitere 5 Min. auf niedriger Stufe garen und dann mindestens 1 Std. ziehen lassen. **SECHS** Warm mit etwas Reis servieren. Als Vorspeise kann man das Gericht kalt servieren.

Ergibt 4 Portionen als Beilage

NÄHRWERTE JE PORTION 879 kJ – 210 kcal – 7 g Protein – 22 g Kohlenhydrate – 8 g Zucker – 11 g Fett – 1 g gesättigte Fettsäuren – 6 g Ballaststoffe – 1118 mg Natrium

GESUNDHEITSTIPP Getrocknete Kidneybohnen müssen zuerst mindestens 10 Min. in stark sprudelndem Wasser gekocht werden, bevor man sie köcheln lässt.

Geschmorte kalte Auberginen *Nasu no hiyashi ni*

Dieses Rezept basiert auf einem traditionellen Gericht aus der Region Kyoto. Unter der schimmernden Schale der Auberginen verbirgt sich zart schmelzendes Fruchtfleisch. Lange, schmale Auberginen eignen sich am besten. Sie können aber auch 4 große, ovale nehmen.

ZUTATEN *8 lange, schmale Auberginen* ‖ *2 EL Pflanzenöl* ‖ *2 Knoblauchzehen, in feinen Scheiben* ‖ *3 Okraschoten*

SUPPE *800 ml Dashi (S. 19)* ‖ *3 EL Sake* ‖ *1/2 EL Mirin* ‖ *3 1/2 EL Shoyu* ‖ *1 Prise Salz*

EINS Den Stängel der Auberginen entfernen und die Schale mit einem scharfen Messer längs einritzen. 10 Min. in eine Schüssel Wasser legen, um der Schale den bitteren Saft zu entziehen. **ZWEI** Die Auberginen in einer Lage in einen großen Topf mit schwerem Boden und gut schließendem Deckel legen. **DREI** Die Zutaten für die Suppe vermischen und über die Auberginen gießen. Aufkochen, auf niedrige Stufe herunterschalten und die Auberginen mit einem Kreis aus Butterbrotpapier, der genau in die Pfanne passt, abdecken. Deckel aufsetzen und 20 Min. schmoren. Lässt sich ein Spieß leicht in die Auberginen stechen, nehmen Sie diese vom Herd. In der Suppe abkühlen lassen. Sobald sie abgekühlt sind, mindestens 3 Std. oder über Nacht in den Kühlschrank stellen. **VIER** Das Öl in einer kleinen beschichteten Pfanne erhitzen und die Knoblauchscheiben knusprig goldbraun anbraten. Auf Küchenpapier abtropfen lassen und beiseitestellen. **FÜNF** Die Okraschoten in kochendem Wasser 3 Min. blanchieren und in 1 cm breite Scheiben schneiden. **SECHS** Auberginen in eine große Servierschüssel füllen und mit etwas Suppe begießen. Suppe, die nicht gebraucht wird, wegschütten. Auberginen mit den Okra und den Knoblauchchips garnieren und kalt mit einem Reisgericht servieren (z. B. Rooibos-Pilauw mit Walnüssen, S. 134).

Ergibt 4 Portionen als Beilage

NÄHRWERTE JE PORTION 522 kJ – 124 kcal – 5 g Protein – 9 g Kohlenhydrate – 7 g Zucker – 7 g Fett – 1 g gesättigte Fettsäuren – 8 g Ballaststoffe – 809 mg Natrium (ohne evtl. hinzugefügtes Salz)

GESUNDHEITSTIPP Auberginen nehmen Flüssigkeiten und deren köstliche Aromen auf. Dieses Gericht kommt mit wenig Fett aus, daher saugt sich die Aubergine mit der kalorienarmen Brühe voll.

Geschmorte Rübchen mit Miso-Nüssen *Kabu no furohuki*

Die sanft gegarten Rübchen sind mit leckeren Nüssen gefüllt. Das Fruchtfleisch aus der Mitte der Rüben können Sie für Salate oder pfannengerührte Gerichte verwenden.

ZUTATEN *8 mittlere oder 12 kleine Rüben* ‖ *1 l Dashi (S. 19)* ‖ *2 TL Shoyu* ‖ *250 g frischer Spinat*

MISO-NÜSSE *3 EL brauner oder weißer Miso* ‖ *1 EL Mirin* ‖ *1 1/2 EL Sake* ‖ *50 g gemischte ungesalzene Nüsse, gehackt* ‖ *1 EL geriebener Parmesan*

EINS Die Rübchen schälen, Oberseite abschneiden und Fruchtfleisch herausschaben, sodass hohle Förmchen mit Deckel entstehen. **ZWEI** Dashi in einen Topf gießen, aufkochen und Shoyu und ausgehöhlte Rübchen hineingeben. Auf niedriger Stufe köcheln lassen, bis die Rüben glasig sind. Herausnehmen und mit der Öffnung nach unten auf einen Teller stellen und warm halten. **DREI** Spinat in der übrigen Brühe 1 Min. blanchieren, abtropfen und ausdrücken. **VIER** Für die Nüsse in einem Topf Miso, Mirin und Sake mischen. Unter ständigem Rühren erhitzen, bis die Mischung eingedickt ist und glänzt. Vom Herd nehmen und Nüsse und Käse unterrühren. **FÜNF** Rübchen mit den Nüssen füllen und unter den vorgeheizten Grill geben, bis die Nuss-Mischung an der Oberfläche anfängt zu blubbern. Deckel auf die Rüben setzen, auf einem Spinatbett anrichten und sofort servieren.

Ergibt 4 Portionen

NÄHRWERTE JE PORTION 766 kJ – 182 kcal – 10 g Protein – 15 g Kohlenhydrate – 13 g Zucker – 9 g Fett – 2 g gesättigte Fettsäuren – 11 g Ballaststoffe – 1288 mg Natrium

GESUNDHEITSTIPP Rüben enthalten viele Ballaststoffe und Vitamin C. Um das Vitamin C zu bewahren, Rüben so dünn wie möglich schälen und möglichst kurz kochen.

Reis und Nudeln

Brauner Reis mit Pilzen und Edamame *Kinoko genmai gohan*

Der braune Reis und die Pilze verleihen diesem Gericht einen besondern Geschmack – mit den frisch zubereiteten Edamame als knuspriges i-Tüpfelchen.

ZUTATEN *540 g brauner Kurzkornreis, gewaschen und abgetropft* ‖ *80 g gemischte Pilze wie Shiitake, Austernpilze, Enoki oder Shimeji* ‖ *50 ml Shoyu* ‖ *1 EL Salz* ‖ *50 ml Mirin* ‖ *150 g Edamame*

EINS Reis in 1,2 l Wasser in einem großen Topf mit einem gut schließenden Deckel aufkochen, dann auf niedrige Stufe schalten. So lange kochen lassen, bis kein Sprudeln sondern leichte Knackgeräusche zu hören sind. Das dauert ca. 30–45 Min. Topf vom Herd nehmen und mit Deckel beiseitestellen, bis die übrigen Zutaten zubereitet sind. **ZWEI** Pilze waschen und schneiden. Shiitake und Austernpilze in dünne Streifen, Enoki in kleine (2,5 cm große) Stückchen schneiden. Die Pilzköpfe der Shimeji abtrennen. **DREI** Sojasauce und Mirin in einem Topf mit 50 ml Wasser vermischen und aufkochen. Pilze hinzugeben und zugedeckt 10 Min. bei geringer Hitze köcheln lassen. Pilzmischung zum Reis geben und mit dem Reislöffel untermischen. Topf wieder zudecken. **VIER** Salzwasser in einem Topf zum Kochen bringen und die Sojabohnen 3–4 Min. darin garen. In einem Sieb einige Minuten abschrecken. Gut abtropfen lassen. Bohnen von den Hülsen befreien und unter den Reis mischen. **FÜNF** Warm in Schalen servieren. Dazu Klare Suppe mit Garnelen (S. 24) reichen.

Ergibt 4–6 Portionen

NÄHRWERTE JE PORTION 2253 kJ – 530 kcal – 13 g Protein – 113 g Kohlenhydrate – 3 g Zucker – 5 g Fett – 1 g gesättigte Fettsäuren – 6 g Ballaststoffe – 2179 mg Natrium

GESUNDHEITSTIPP Bei braunem Reis wird lediglich die äußere Hülle entfernt, sodass er mehr Geschmack hat als weißer und darüber hinaus reicher an den wichtigen B-Vitaminen Thiamin, Riboflavin und Niacin ist. Er enthält eine beachtliche Menge an Vitamin E, das bei der körpereigenen Produktion von Antioxidanzien eine wichtige Rolle spielt.

Udon-Nudeln mit gebratenem Tofu *Kitsune udon*

Bei diesem einfachen Nudelgericht können Sie den vielseitigen Geschmack der Zutaten genießen. Udon-Nudeln sind breite, dicke Nudeln aus Weizenmehl.

ZUTATEN *4 Abura Age ‖ 2 EL Shoyu ‖ 2 EL Zucker ‖ 1 EL Mirin ‖ 1 1/2 TL Sake oder trockener Sherry ‖ 300 g getrocknete oder 600 g frische Udon-Nudeln ‖ 2 l Tsuyu, Rezept A (S. 20) ‖ 3 Frühlingszwiebeln ‖ 2 TL Zitronen- oder Limettenschale, in dünnen Streifen zum Garnieren ‖ Shichimi togarashi (nach Belieben)*

EINS Abura Age in eine Schüssel legen und mit siedendem, aber nicht mehr kochendem Wasser übergießen. 1 Min. stehen lassen, dann abtropfen lassen. Vorgang wiederholen, um sämtliches Öl zu entfernen. Abura Age vorsichtig auspressen und in einen Topf geben. **ZWEI** Shoyu, Zucker, Mirin, Sake und 150 ml Wasser dazugeben und zum Kochen bringen. Anschließend bei mittlerer Hitze köcheln lassen, bis die Flüssigkeit verdampft ist. Abura Age dabei von Zeit zu Zeit wenden. Vom Herd nehmen und abkühlen lassen. **DREI** Nudeln nach Packungsanweisung zubereiten. Unter kaltem Wasser abschrecken und dabei wenden, bis sie abgekühlt sind. Sorgfältig abtropfen lassen. **VIER** Tsuyu in einen Topf geben und erhitzen (nicht kochen). Den weißen Teil der Frühlingszwiebeln, längs geschnitten, sowie Nudeln hinzugeben. Suppe in 4 Schüsseln mit je 1 Scheibe Abura Age gießen. Mit Zitronenschale und fein gehacktem Frühlingszwiebelgrün garnieren. Sofort servieren. Wer es schärfer mag, kann nach Belieben etwas Shichimi togarashi darüber streuen.

Ergibt 4 Portionen

NÄHRWERTE JE PORTION 1859kJ – 440 kcal – 18 g Protein – 71 g Kohlenhydrate – 12 g Zucker – 10 g Fett – 0 g gesättigte Fettsäuren – 5 g Ballaststoffe – 2060 mg Natrium

GESUNDHEITSTIPP Nudeln sind reich an Kohlenhydraten und versorgen den Körper über einen längeren Zeitraum mit ausreichend Energie.

Spaghetti auf japanische Art *Wafu spaghetti*

Japanische Köche imitieren gern ihre Kollegen in der ganzen Welt. Vor mehr als 60 Jahren wurde die Spaghetti beliebt und regte eine Reihe von italo-japanischen Rezeptkreationen an, wie diese hier.

ZUTATEN *1 EL Olivenöl ‖ 1 Knoblauchzehe, zerdrückt ‖ 1 kleine getrocknete Chilischote, entkernt und gehackt ‖ 100 g Maitake oder Austernpilze, gewaschen und grob zerpflückt ‖ 100 g Shiitake, ohne Stängel, Köpfe in Scheiben geschnitten ‖ 100 g Champignons, in Scheiben ‖ 2 EL Sake ‖ 2 TL Shoyu ‖ 400 g getrocknete Spaghetti ‖ 15 g Butter oder Margarine ‖ 2 Shiso-Blätter, in dünne Streifen geschnitten oder 1 Handvoll gehackte glattblättrige Petersilie zum Garnieren*

EINS Öl in einer beschichteten Pfanne erhitzen und Knoblauch goldbraun dünsten. Chili und Pilze hinzugeben. Unter ständigem Rühren 2–3 Min. dünsten, dann Sake dazugeben. Pilzmischung köcheln lassen, bis die Pilze Wasser ziehen. Vom Herd nehmen und Sojasauce untermischen. **ZWEI** Inzwischen Spaghetti nach Packungsanweisung zubereiten, abschrecken und zu den Pilzen geben. Butter oder Margarine untermischen. **DREI** Mit Shiso-Blättern oder Petersilie garnieren und sofort servieren.

Ergibt 4 Portionen

NÄHRWERTE JE PORTION 1757 kJ – 415 kcal – 14 g Protein – 75 g Kohlenhydrate – 4 g Zucker – 8 g Fett – 3 g gesättigte Fettsäuren – 6 g Ballaststoffe – 197 mg Natrium

GESUNDHEITSTIPP Pilze enthalten nur wenig Nährstoffe und werden hauptsächlich aufgrund ihres Geschmacks verzehrt. Dennoch enthalten sie kleine Menge an B-Vitaminen und Spurenelemente, vor allem Kupfer. Kupfer ist ein wichtiger Bestandteil vieler Enzyme.

Buchweizen-Nudeln mit japanischem Pesto *Kawari soba*

Als Getreide wird *Soba* (Buchweizen) in Japan schon seit über 3000 Jahren gegessen, aber Buchweizen-Nudeln kamen erst vor etwa 700 Jahren auf. Soba wird heute als Synonym für alle Nudelgerichte verwendet und ist auch weiterhin die Grundlage für viele moderne Rezepte, so wie hier. Falls Sie keine grünen Shiso-Blätter bekommen können, eignet sich alternativ italienisches oder thailändisches Basilikum.

ZUTATEN *400 g getrocknete Soba-Nudeln*

PESTO *30 grüne Shiso-Blätter* ‖ *100 g Rucola* ‖ *40 g Pinienkerne, geröstet* ‖ *1 Knoblauchzehe, gepresst* ‖ *100 ml Olivenöl* ‖ *2 EL brauner Miso*

EINS Einige Shiso- und Rucola-Blätter zum Garnieren beiseitelegen. Für das Pesto die restlichen Blätter klein zupfen und mit den anderen Zutaten für das Pesto in der Küchenmaschine mixen. Bis zur Verwendung in einem luftdichten Behälter aufbewahren. **ZWEI** Die Nudeln nach Packungsanleitung kochen. Unter fließendem kalten Wasser einmal abschrecken, dann mit heißem Wasser übergießen, um sie wieder zu erwärmen. **DREI** Nudeln mit dem Pesto vermengen und mit den übrigen Shiso- und Rucola-Blättern garnieren. Sofort servieren.

Ergibt 4 Portionen als Beilage

NÄHRWERTE JE PORTION 2680 kJ – 614 kcal – 17 g Protein – 76 g Kohlenhydrate – 6 g Zucker – 28 g Fett – 3 g gesättigte Fettsäuren – 8 g Ballaststoffe – 1184 mg Natrium

GESUNDHEITSTIPP Buchweizen ist im Gegensatz zum meisten anderen Getreide kein Gras sondern der Samen einer Blume. Trotz seines Namens ist er mit Weizen nicht verwandt und enthält kein Gluten. Er ist somit für Zäliakie-Erkrankte geeignet.

Lunchbox mit dreierlei Garnierung *Sanshoku bento*

Japanische Kinder nehmen jeden Morgen eine schöne Lunchbox mit in die Schule.

ZUTATEN *600 g warmer, frisch gekochter Reis (S. 17) ‖ 1/2 Nori-Blatt, klein gezupft ‖ 2 TL Shoyu*

GARNIERUNG A *250 g gehäutetes Weißfischfilet wie Seelachs, Merlan oder Kohlfisch ‖ 1 TL Mirin ‖ 1 TL Zucker ‖ 1 EL Sake oder trockener Sherry ‖ 1 TL Saft von frisch geriebenem Ingwer ‖ 1/2 TL Salz ‖ rote Lebensmittelfarbe*

GARNIERUNG B *3 Eier ‖ 1/2 TL Salz ‖ 1/2 TL Pflanzenöl*

GARNIERUNG C *100 g Spinat ‖ 2 TL Shoyu*

EINS Für Garnierung A den Fisch in leicht gesalzenem kochendem Wasser garen. Abtropfen und Gräten und Häutchen entfernen. Fisch in ein Geschirrtuch einwickeln, unter fließendes kaltes Wasser halten und vorsichtig durch das Tuch hindurch reiben, um sämtliches Fett zu entfernen. Überschüssige Flüssigkeit herauspressen. **ZWEI** Die übrigen Zutaten für Garnierung A, außer der Lebensmittelfarbe, in einen Topf geben. Aufkochen und Fisch hineingeben. Auf niedrige Stufe herunterschalten und Fisch zerpflücken. Kräftig rühren, bis der Fisch trocken und flockig ist. Einen Tropfen Lebensmittelfarbe hineingeben, um den Fisch rosa zu färben. **DREI** Für Garnierung B Eier und Salz verquirlen. Öl in einer kleinen Pfanne erhitzen und Rührei zubereiten. Vom Herd nehmen. **VIER** Für Garnierung C den Spinat in leicht gesalzenem kochendem Wasser 2 Min. blanchieren, bis er hellgrün wird. Abtropfen und ausdrücken. Grob hacken und mit dem Shoyu mischen. Kurz vor der Verwendung erneut ausdrücken. **FÜNF** 4 Lunchboxen zur Hälfte mit warmem Reis füllen. Nori und Shoyu mischen und über dem Reis verteilen. Boxen mit dem restlichen Reis füllen. Vorsichtig flach drücken. Die Garnierungen nebeneinander auf den Reis geben. Das Gericht schmeckt warm und kalt.

Ergibt 4 Portionen

NÄHRWERTE JE PORTION 1050 kJ – 248 kcal – 15 g Protein – 46 g Kohlenhydrate – 1 g Zucker – 1 g Fett – 0 g gesättigte Fettsäuren – 1 g Ballaststoffe – 450 mg Natrium

GESUNDHEITSTIPP Alle drei Garnierungen zusammen in einer Lunchbox ergeben eine sehr nahrhafte Mahlzeit. Spinat enthält viel Folsäure, zudem Kalzium und Eisen.

Hühnchen-Eierreis-Schale *Oyako don*

Hier wird geschmortes Hühnchen von weichem Omelett umschlossen. Für ein ganz besonders samtiges Ergebnis frische Eier verwenden und nicht zu lange garen.

ZUTATEN *450 ml Dashi (S. 19) ‖ 4 EL Sake oder trockener Sherry ‖ 2 EL Zucker ‖ 2 EL Mirin ‖ 3 EL Shoyu ‖ 1 Zwiebel, in feinen Ringen ‖ 350 g Hähnchenbrust ohne Haut, in mundgerechten Stücken ‖ 6 Eier, verquirlt ‖ 20 g Mitsuba-Blätter oder Schnittlauch, in 5 cm lange Stücke geschnitten ‖ 600 g frisch gekochter Reis (S. 17) ‖ Shichimi togarashi (nach Belieben)*

EINS Dashi, Sake, Zucker, Mirin und Shoyu in einem flachen Topf mischen. Aufkochen, auf mittlere bis niedrige Stufe herunterschalten und gut rühren, bis der Zucker sich aufgelöst hat. **ZWEI** Zwiebel in den Topf geben und 2 Min. garen. Fleisch hineingeben und 5–6 Min. köcheln lassen, bis es durch ist. **DREI** Die verquirlten Eier über Zwiebel und Hühnchen gießen. Nach 2 Min. Mitsuba darüberstreuen. Garen, bis die Eier fast gestockt, aber noch recht flüssig sind. **VIER** Reis in 4 Donburi oder Suppenschalen füllen. Den Inhalt des Topfs vorsichtig über den Reis geben, nach Belieben mit etwas Shichimi togarashi bestreuen und sofort servieren.

Ergibt 4 Portionen

NÄHRWERTE JE PORTION 2078 kJ – 493 kcal – 34 g Protein – 60 g Kohlenhydrate – 13 g Zucker – 12 g Fett – 3 g gesättigte Fettsäuren – 2 g Ballaststoffe – 860 mg Natrium

GESUNDHEITSTIPP Eier zählen zu den besten Proteinquellen und enthalten Eisen und Vitamin A und D, aber auch Cholesterin. 2–3 Eier pro Woche können jedoch unbedenklich verzehrt werden.

Sommerliche Somen-Nudeln *Soumen*

Kalte und erfrischende Gerichte sind in den heißen und feuchten japanischen Sommern unabdingbar. Die Nudeln behalten in der warmen Suppe ihre Form und Konsistenz, sie kleben nicht zusammen. Probieren Sie den Dip mit verschiedenen Zutaten aus!

ZUTATEN *400 g getrocknete Somen-Nudeln* ‖ *5–6 Shiso-Blätter oder 1 Handvoll Basilikum-Blätter, in feinen Streifen* ‖ *575 ml Tsuyu, Rezept B (S. 21)*

ZUM SERVIEREN *1 kleiner Bund Schnittlauch, fein gehackt* ‖ *2,5 cm frischer Ingwer, geschält und gerieben* ‖ *Wasabi nach Geschmack*

EINS 2 l Wasser in einem großen Topf aufkochen. Die Nudeln ins stark sprudelnde Wasser geben. Das Wasser hört auf zu sprudeln, wenn die Nudeln im Topf sind. Wenn es wieder zu sprudeln beginnt, schnell 100 ml kaltes Wasser in den Topf gießen. Wenn die Wasseroberfläche wieder anfängt zu sprudeln, den Topf vom Herd nehmen. Das dauert nur 4–5 Min. **ZWEI** Die gegarten Nudeln in ein Sieb abgießen und unter fließendem kaltem Wasser abschrecken. Dabei die Nudeln vorsichtig mit den Händen wenden, bis sie abgekühlt sind. Einmal abtropfen lassen und in eine Schüssel mit kaltem Wasser geben. Nicht abtropfen. **DREI** Shiso-Blätter in die Schüssel mit den Nudeln geben. Immer etwa 20 Nudeln nehmen und um den Zeigefinger wickeln, um ein Nudelnest zu formen. Nester sogleich auf einem Teller anrichten. **VIER** Tsuyu in 4 Schälchen füllen und die Nudeln mit Schnittlauch, Ingwer oder Wasabi servieren.

Ergibt 4 Portionen

NÄHRWERTE JE PORTION 1822 kJ – 430 kcal – 15 g Protein – 80 g Kohlenhydrate – 2 g Zucker – 6 g Fett – 0 g gesättigte Fettsäuren – 6 g Ballaststoffe – 1480 mg Natrium

GESUNDHEITSTIPP Der hohe Salzgehalt dieses Rezepts ist durch die Sojasauce bedingt. Nehmen Sie ein salzreduziertes Produkt, wenn das Gericht weniger Salz enthalten soll.

Rooibos-Pilauw mit Walnüssen *Kurumi iri chameshi*

Dieses Gericht ist eine Variante von in Tee gekochtem Reis. Rooibos schmeckt ähnlich wie gerösteter japanischer brauner Tee, enthält aber kein Koffein. Den Pilauw kann man allein oder zu Gerichten wie Gedämpfter Lachs aus der Folie mit Gemüse (S. 80) oder Satoimo-Eintopf (S. 107) reichen.

ZUTATEN *450 g weißer Reis, gewaschen und 30 Min. in Wasser eingeweicht ‖ 250 ml Dashi (S. 19) ‖ 250 ml Rooibostee, mit 2 TL Teeblättern zubereitet ‖ 50 ml Shoyu ‖ 50 ml Sake oder trockener Sherry ‖ 20 g Arame, gewaschen und abgetropft ‖ 1 TL Walnuss- oder Pflanzenöl ‖ 150 g Walnüsse in Stücken ‖ 1 Prise grobes Meersalz*

EINS Reis in einem Sieb etwa 30 Min. abtropfen lassen. Reis, Brühe, Tee, Shoyu, Sake und Algen in einen Topf mit schwerem Boden und dicht schließendem Deckel geben. **ZWEI** Topf abdecken und Mischung aufkochen. Herd auf niedrige Stufe herunterschalten und kochen, bis ein leises Knistern aus dem Topf zu hören ist. Das dauert etwa 15–20 Min. Den Deckel nicht abnehmen. Herd ausschalten und weitere 15 Min. abgedeckt stehen lassen. **DREI** In der Zwischenzeit das Öl in einer kleinen beschichteten Pfanne erhitzen und Walnussstücke bei schwacher Hitze knusprig anrösten. Mit Salz bestreuen. Reis mit einem Reislöffel auflockern, Walnüsse untermischen und warm servieren.

Ergibt 4–6 Portionen

NÄHRWERTE JE PORTION 2930 kJ – 696 kcal – 14 g Protein – 100 g Kohlenhydrate – 1 g Zucker – 28 g Fett – 2 g gesättigte Fettsäuren – 5 g Ballaststoffe – 834 mg Natrium

GESUNDHEITSTIPP Walnüsse sind wie die meisten Nüsse sehr fettreich, liefern aber reichlich Omega-3-Fettsäuren, die zur Senkung des Cholesterolspiegels beitragen und auch bei der Vorbeugung von Blutgerinnseln eine Rolle spielen.

Suppe mit Krabben und Nudeln *Kani iri tanmen*

Lassen Sie die Krabbe vom Fischhändler zubereiten und sich die Schale für die Suppe mitgeben. Am besten mit Schwimmkrabbe oder Königskrabbe zubereiten, oder auch mit blauer, brauner, weißer oder Spinnenkrabbe.

ZUTATEN *2 EL Pflanzenöl ‖ 2 Frühlingszwiebeln, in feinen, schrägen Streifen ‖ gegartes Fleisch von 1 Krabbe, insgesamt 250–325 g ‖ 30 g Shiitake ohne Stängel, Hüte in dicken Scheiben ‖ 50 g gegarter Bambusschössling, längs in feine Scheiben geschnitten ‖ 50 g Zuckerschoten ‖ 1/2 rote Paprika, entkernt und längs in feine Streifen geschnitten ‖ 1 EL Sake oder trockener Sherry ‖ 4 Päckchen frische oder getrocknete dünne Eiernudeln oder Ramen-Nudeln ‖ Salz und weißer Pfeffer*

SUPPE *12 Garnelen mit Schale ‖ Krabbenschalen ‖ 3 kleine getrocknete Muscheln, über Nacht in Wasser eingeweicht (nach Belieben) ‖ 1 kleine Zwiebel, geviertelt ‖ 5 cm frischer Ingwer, ungeschält und zerdrückt ‖ 3 Frühlingszwiebeln, grob gehackt*

EINS Für die Suppe 2,7 l Wasser in einem Topf mit schwerem Boden aufkochen. Übrige Zutaten hineingeben und ohne Deckel bei mittlerer bis schwacher Hitze ca. 40 Min. köcheln lassen, bis die Flüssigkeit auf die Hälfte eingekocht ist. Schaum von der Oberfläche abschöpfen und Suppe in eine Schüssel abseihen. Was im Sieb bleibt, wegwerfen. Alternativ, um die Kochzeit zu verkürzen, eine Flasche hochwertige japanische Ramen-Suppe und einen Würfel für Fisch- oder Gemüsebrühe nehmen, um 1 l Suppe zuzubereiten. **ZWEI** Öl in einem Wok oder einer großen beschichteten Pfanne erhitzen und die Frühlingszwiebeln 2 Min. andünsten. Krabbenfleisch und das Gemüse dazugeben. Sake darüberträufeln und weitere 3 Min. anbraten. Suppe in den Wok gießen und salzen. Auf die unterste Stufe schalten und Suppe heiß halten. **DREI** 2 l Wasser aufkochen und Nudeln nach Packungsanweisung garen. Abtropfen und in 4 Schalen (je à 500 ml) füllen. **VIER** Suppe vorsichtig über die Nudeln gießen, mit Pfeffer bestreuen und sofort servieren.

Ergibt 4 Portionen

NÄHRWERTE JE PORTION 2116 kJ – 503 kcal – 24 g Protein – 63 g Kohlenhydrate – 2 g Zucker – 19 g Fett – 1 g gesättigte Fettsäuren – 6 g Ballaststoffe – 884 mg Natrium

GESUNDHEITSTIPP Krabben sind relativ fettarm und liefern viel Kupfer und Zink, beides wichtige Spurenelemente. Zink wird für die Wundheilung und zur Reparatur des Gewebes benötigt.

Reis und Seebrasse mit japanischem Tee *Tai chazuke*

Über warmen Reis gegossener heißer grüner Tee – *O-chzuke* – kann ein schneller Snack sein oder auch ein luxuriöser Abschluss eines feuchtfröhlichen Abends, um den Alkohol zu verscheuchen. Der Fisch muss frisch genug sein, um ihn roh essen zu können..

ZUTATEN *4 EL geröstete weiße Sesamkörner* ‖ *3 EL Shoyu* ‖ *250 g frisches rotes Seebrassenfilet, in 5 mm breite Streifen geschnitten* ‖ *600 g frisch gegarter, warmer Reis (S. 17)* ‖ *4 EL fein gehackter Schnittlauch* ‖ *2 TL Wasabi* ‖ *2 EL Sencha-Blätter (grüner Tee)*

EINS Sesamkörner und Shoyu mischen und die Fischstücke 10 Min. marinieren. **ZWEI** Den warmen Reis in 4 Schalen füllen. Den Fisch daraufgeben und den Schnittlauch in der Mitte zusammen mit etwas Wasabi anrichten. **DREI** Direkt vor dem Servieren 300 ml frisch aufgekochtes (aber nicht mehr kochendes) Wasser über die Teeblätter gießen. 2 Min. ziehen lassen, dann den Tee vorsichtig in die Schalen gießen und sofort servieren.

Ergibt 4 Portionen

NÄHRWERTE JE PORTION 1386 kJ – 329 kcal – 18 g Protein – 46 g Kohlenhydrate – 0 g Zucker – 9 g Fett – 1 g gesättigte Fettsäuren – 1 g Ballaststoffe – 719 mg Natrium

GESUNDHEITSTIPP Grünem Tee wird nachgesagt, dass er den Energiestoffwechsel etwas anregt. Er enthält auch Antioxidanzien, die zum Schutz vor Zellschäden, die durch freie Radikale verursacht werden, beitragen.

Kalter Nudelsalat *Hiyashi chuka*

Bei diesem kalten Nudelgericht ist es wichtig, alle Zutaten in gleich große Stücke zu schneiden, damit sie sich besser mit dem Dressing vermengen lassen.

ZUTATEN *1 EL Sake oder trockener Sherry ‖ 400 g Hähnchenbrüstchen mit Haut ‖ 4 Päckchen frische oder getrocknete Eier- oder Ramen-Nudeln ‖ 2 kleine Salatgurken, schräg in Scheiben und dann in feine Streifen geschnitten ‖ Salz ‖ japanischer oder englischer gelber Senf zum Servieren*

USUYAKI TAMAGO *1 Ei mit Raumtemperatur, leicht verquirlt ‖ Pflanzenöl zum Braten*

DRESSING *8 EL Shoyu ‖ 6 EL Zucker ‖ 4 EL Reisessig ‖ 2 EL Öl aus gerösteten Sesamkörnern ‖ 1 EL heißes Chili-Sesam-Öl*

ZUM GARNIEREN *2 Tomaten, in 8 Spalten geschnitten ‖ 3 EL Beni Shoga (S. 21)*

EINS Etwa 1/2 EL Öl in einer kleinen Pfanne erhitzen. Wenn es heiß ist, vom Herd nehmen und etwas abkühlen lassen. Überschüssiges Öl mit Küchenpapier entfernen. Das Ei vorsichtig in die Pfanne gleiten lassen, sodass es dünn die Oberfläche bedeckt. Pfanne bei mittlerer bis niedriger Stufe zurück auf den Herd stellen. Wenn die Oberfläche trocken aussieht, Omelett wenden. Weiter 30 Sek. garen. Abkühlen lassen und in dünne Streifen schneiden. **ZWEI** 250 ml Wasser aufkochen, Sake, 1 Prise Salz und das Fleisch hineingeben und 10 Min. bei mittlerer Hitze köcheln lassen. Abkühlen lassen. Abtropfen, Haut vom Hähnchen entfernen und Fleisch in Streifen zerteilen. **DREI** Für das Dressing alle Zutaten vermischen, kühl stellen **VIER** Die Nudeln nach Packungsanweisung in kochendem Wasser garen. Unter kaltem Wasser abschrecken, bis sie kalt sind. Abtropfen lassen und auf 4 Teller geben. **FÜNF** Gurken-, Hähnchen- und Omelettstreifen auf den Nudeln anrichten und mit Tomaten und Beni Shoga garnieren. Dressing darübergeben und sofort servieren. Nach Geschmack mit etwas Senf mischen.

Ergibt 4 Portionen

NÄHRWERTE JE PORTION 3392 kJ – 807 kcal – 33 g Protein – 94 g Kohlenhydrate – 34 g Zucker – 36 g Fett – 8 g gesättigte Fettsäuren – 5 g Ballaststoffe – 2154 mg Natrium

GESUNDHEITSTIPP Reduzieren Sie den Kaloriengehalt des Gerichts, indem Sie den Zuckergehalt reduzieren oder schauen Sie sich den Tipp auf Seite 10 etwas genauer an.

Nudeln mit Hähnchen, Garnelen und Lauch

Chasoba nanban Mit grünem Tee aromatisierte Nudeln sind der Hauptbestandteil dieses Gerichts. Das Teearoma ergänzt perfekt den feinen Geschmack von Tsuyu und Garnelen.

ZUTATEN *1 TL Pflanzenöl* ‖ *2 Hähnchenschlegel ohne Haut und Knochen, in mundgerechte Stücke geschnitten* ‖ *3 Stangen junger Lauch, in 5 cm lange Stücke geschnitten* ‖ *2 l Tsuyu, Rezept A (S. 20)* ‖ *400 g getrocknete Cha-Soba-Nudeln (mit grünem Tee aromatisiert) oder normale Soba-Nudeln* ‖ *100 g große gegarte und geschälte Garnelen, in 1 cm lange Stücke geschnitten* ‖ *Shichimi togarashi zum Servieren (nach Belieben)*

EINS Öl in einer großen beschichteten Pfanne erhitzen und Hähnchen und Lauch bei großer Hitze 5 Min. anbraten. Auf mittlere Stufe herunterschalten und Tsuyu angießen. Köcheln lassen, bis das Fleisch ganz durch ist. **ZWEI** Die Nudeln nach Packungsanleitung in kochendem Wasser garen. Unter fließendem kaltem Wasser abspülen und dabei mit den Händen wenden, bis sie kalt sind. **DREI** Tsuyu erhitzen, bis er heiß ist, aber nicht kocht, und die Nudeln und Garnelen hineingeben, um sie wieder zu erhitzen. Nach Belieben mit Shichimi togarashi bestreuen und sofort servieren.

Ergibt 4 Portionen

NÄHRWERTE JE PORTION 2154 kJ – 440 kcal – 25 g Protein – 76 g Kohlenhydrate – 6 g Zucker – 4 g Fett – 1 g gesättigte Fettsäuren – 6 g Ballaststoffe – 2040 mg Natrium

GESUNDHEITSTIPP Lauch enthält viele Ballaststoffe und nützliche Mengen Karotin, das bedeutende antioxidative Eigenschaften besitzt.

Desserts

Süße Kastanienknödel *Kuri manjyu*

In Japan kommen häufig Nüsse, Süßkartoffeln, Kabocha-Kürbisse und Hülsenfrüchte in Süßspeisen vor. Oft werden sie nur mit Zuckerrüben- oder Reissirup gesüßt, was perfekt zum leicht bitteren Geschmack des grünen Tees passt.

ZUTATEN *375 g frische Kastanien, ungeschält* ‖ *200 g Süßkartoffeln, geschält* ‖ *4 EL Milch* ‖ *25 g Butter oder Margarine* ‖ *1 EL unraffinierter Puderzucker* ‖ *50 g Somen, in 2 cm lange Stücke geschnitten* ‖ *Pflanzenöl zum Frittieren*

EINS Kastanien und Süßkartoffeln 15 Min. dämpfen, bis sie gar sind. Anschließend leicht abkühlen lassen. 12 Kastanien schälen und beiseitelegen. Übrige Kastanien halbieren. Fruchtfleisch herauslöffeln und durch ein feines Sieb drücken. **ZWEI** Süßkartoffeln zusammen mit Milch, Butter und Zucker zerdrücken. Mischung in eine Pfanne geben und bei leichter Hitze verrühren. Die zerdrückten Kastanien dazugeben und 2–3 Min. verrühren, bis die Mischung etwas eingedickt ist. **DREI** Ein feuchtes Küchenhandtuch auf eine Handfläche legen und 4–5 EL Kastanienteig daraufgeben. Vorsichtig einwickeln und zudrücken, so dass ein Knödel (5 cm Ø) geformt wird. Handtuch öffnen, eine ganze Kastanie in den Teig drücken und erneut zu einem Knödel einwickeln. Insgesamt 12 Knödel formen und beiseitestellen. **VIER** Eine Pfanne 2,5 cm hoch mit Öl füllen und auf 180 °C erhitzen. Somen 1 Min. darin goldbraun frittieren. Auf Küchenpapier abtropfen lassen. **FÜNF** Knödel mit getrockneten Somen überziehen, in der Mitte tief einkerben aber nicht durchschneiden und auf Tellern anrichten, so dass sie wie geöffnete Kastanien aussehen.

Ergibt 12 Knödel, 4–6 Portionen

NÄHRWERTE JE PORTION 1309 kJ – 310 kcal – 4 g Protein – 54 g Kohlenhydrate – 15 g Zucker – 10 g Fett – 4 g gesättigte Fettsäuren – 7 g Ballaststoffe – 106 mg Natrium

GESUNDHEITSTIPP Kastanien enthalten viel Stärke und Zucker, jedoch weniger Vitamine und Mineralstoffe. Süßkartoffeln mit ihrem orangefarbenen Fruchtfleisch sind im Gegensatz zu ihrer weißfleischigen Variante reich an dem Antioxidans Karotin.

Feigenkuchen *Ichijiku yaki gashi*

Feigen finden in der orientalischen medizinischen Küche häufig Verwendung – insbesondere bei Süßspeisen. Dieses für Veganer geeignete Rezept enthält Amaranthsamen, die hervorragend die knackigen Feigensamen ergänzen. Nach Belieben können Sie statt der frischen Feigen auch 8 getrocknete verwenden. Diese über Nacht in Sojamilch und 50 ml Milch einweichen.

ZUTATEN *180 g Vollkornmehl ‖ 1/2 TL Backpulver ‖ 4 EL Pflanzenöl ‖ 75 ml Umeshu ‖ 75 ml Ahornsirup ‖ 1 1/2 TL Apfelweinessig ‖ 125 ml gesüßte Sojamilch ‖ 1 EL Amaranthsamen ‖ 4 frische Feigen (insgesamt ca. 200 g), in 5 mm breite Scheiben geschnitten ‖ Salz ‖ Crème fraîche*

EINS Mehl, Backpulver und 1 Prise Salz in eine Schüssel sieben. Kleie, die im Sieb hängen geblieben ist, in die Schüssel geben. **ZWEI** Alle übrigen Zutaten (bis auf die Feigen) in die Schüssel geben und verrühren, aber nicht verquirlen. Springform (20 cm Ø, 4 cm hoch) einfetten und Teig hineingeben. **DREI** Mit Feigen bedecken. Im vorgeheizten Ofen bei 180 °C (Gas Stufe 4) 35–40 Min. backen. Abkühlen lassen. Nach Belieben mit einem Klecks Crème fraîche servieren. Dazu passt z. B. japanischer Hoji-Tee.

Ergibt 4 Portionen

NÄHRWERTE JE PORTION 1405 kJ – 335 kcal – 8 g Protein – 48 g Kohlenhydrate – 18 g Zucker – 13 g Fett – 1 g gesättigte Fettsäuren – 5 g Ballaststoffe – 84 mg Natrium

GESUNDHEITSTIPP Feigen eignen sich hervorragend bei einem Kater. Sie enthalten ein Enzym, das den Alkoholspiegel im Blut senkt und den Stoffwechsel anregt. Darüber hinaus sind sie für ihre Benzaldehyde bekannt, die wohl zum Schutz vor einigen Krebserkrankungen beitragen.

Adukibohnen-Nuss-Kuchen *Anko to kinomi pai*

Dieses Rezept ist die moderne Version eines traditionellen Kuchens, bei dem die süße Adukipaste von einer dünnen Reismehlkruste eingehüllt wird. Übrigens kann diese fettarme Kruste bei allen Kuchenrezepten verwendet werden.

ZUTATEN *200 g gekochte Adukibohnen (S. 12) ‖ 80 g Zucker ‖ 150 g geröstete gemischte Nüsse, grob gehackt ‖ Salz*

KRUSTE *50 g Haferflocken ‖ 20 g Puffreis ‖ 3 EL Honig ‖ 1 TL Pflanzenöl ‖ 1/2 TL Salz ‖ 80 g Mehl*

EINS Bohnen mit 200 ml Wasser in einem Topf mit schwerem Boden und auf niedrigster Stufe erwärmen. Zucker unter ständigem Rühren in 3 Portionen hineingeben, bis er sich aufgelöst hat. Auf mittlere Stufe schalten. 1 Prise Salz hinzufügen und rühren, bis ein klebriger Brei entstanden ist. Topf vom Herd nehmen. **ZWEI** Für die Kruste Haferflocken und Puffreis in eine Frischhaltetüte geben und mit einem Nudelholz zerkleinern. Honig, Öl und Salz mit 2 1/2 EL Wasser in einer Schüssel vermischen. Mehl, Hafer und Puffreis dazugeben und zu einem krümeligen Teig vermengen. Gut verrühren und 10 Min. ruhen lassen. **DREI** Mit den Fingern den Teig in eine leicht gefettete Springform mit 20 cm Ø drücken. (Sollte noch Teig übrig sein, einfach flachdrücken und auf ein Stück gefettetes Backpapier legen.) Im vorgeheizten Ofen bei 230 °C (Gas Stufe 8) 15 Min. goldbraun ausbacken. Anschließend abkühlen lassen und den Teig aus der Form stürzen. **VIER** Adukibrei auf den Teig geben und mit Nüssen bestreuen. Evtl. übrigen Teig (s. Schritt 3) als Streusel darüber verteilen. Mit heißem oder kaltem grünen Tee servieren.

Ergibt 6–8 Portionen

NÄHRWERTE JE PORTION 1544 kJ – 366 kcal – 11 g Protein – 56 g Kohlenhydrate – 25 g Zucker – 13 g Fett – 1 g gesättigte Fettsäuren – 2 g Ballaststoffe – 210 mg Natrium

GESUNDHEITSTIPP Haferflocken enthalten viele lösliche Fasern, die helfen, Darmkrebs und anderen Darmproblemen vorzubeugen.

Cremiger Tofu-Käsekuchen

Tofu ist eine erstaunlich vielseitige, nährstoffreiche und gesunde Zutat. In deftigen oder süßen Speisen kann er – wie in diesem Rezept auch – als Ersatz für Milchprodukte verwendet werden. Das einzige Problem bei diesem lockeren Käsekuchen ist, dass er einfach unwiderstehlich ist.

ZUTATEN *250 ml Naturjoghurt* ‖ *200 g fester Tofu* ‖ *25 g Butter oder Margarine (ungekühlt)* ‖ *3 Eier, getrennt* ‖ *1 EL Zitronensaft* ‖ *2 TL Rum* ‖ *30 g reines Mehl, gesiebt* ‖ *2 EL Zucker* ‖ *2 EL Aprikosenmarmelade*

EINS Sieb auf eine Schüssel stellen, ein Musselintuch darüberlegen und den Joghurt hineingießen. Über Nacht stehen lassen, um die Molke herauszuziehen. **ZWEI** Tofu zwischen zwei Küchenhandtücher legen. Mit einem Schneidebrett beschweren. 1 Stunde stehen lassen, bis überschüssiges Wasser aus dem Tofu geflossen ist. **DREI** Tofu, Joghurt und Butter in einer Küchenmaschine verrühren. In eine große Schüssel geben, Eigelb und anschließend nach und nach Zitronensaft, Rum und Mehl unterrühren. **VIER** Eiweiß in einer Schüssel steif schlagen, bis man es mit einem Messer einschneiden kann. Den Zucker in 3 Portionen unterrühren. Eiweiß vorsichtig unter die Tofumischung heben und in eine leicht gefettete Springform geben. **FÜNF** Im vorgeheizten Ofen bei 160 °C (Gas Stufe 3) ca. 50 Min. backen. Um zu testen, ob der Kuchen gar ist, mit einem Spieß hineinstechen. Es sollte kein Teig mehr daran kleben bleiben. Anschließend abkühlen lassen. **SECHS** Aprikosenmarmelade mit 1/2 EL Wasser vermengen, auf den Käsekuchen streichen und servieren.

Ergibt 4–6 Portionen

NÄHRWERTE JE PORTION 1180 kJ – 282 kcal – 13 g Eiweiß – 30 g Kohlenhydrate – 24 g Zucker – 12 g Fett – 5 g gesättigte Fettsäuren – 1 g Ballaststoffe – 120 mg Natrium

GESUNDHEITSTIPP Dieser wunderbare Käsekuchen ist nicht nur fettarm, sondern auch reich an Kalzium, das wichtig für Wachstum und Aufbau der Knochen ist. Ebenfalls gut für die Knochen ist Vitamin D, das im Eigelb enthalten ist.

Tee-Kuchen *Maccha keki*

Maccha ist grüner Tee in Pulverform und wird nicht alltäglich sondern hauptsächlich bei besonderen Gelegenheiten genossen, zum Beispiel bei den traditionellen japanischen Teezeremonien. Er wird jedoch oft als Gewürz in Kuchen, Eis oder sogar grünen Milchshakes verwendet. Fruchtzucker ist in Bioläden oder gut sortierten Supermärkten erhältlich und ist 30 % süßer als Rohrzucker, sodass weniger davon benötigt wird.

ZUTATEN *3 Eigelb ‖ 4 Eiweiß ‖ 3 EL Fruchtzucker ‖ 2 EL Pflanzenöl ‖ 80 g Mehl, gesiebt ‖ 1 EL Maccha ‖ Crème fraîche zum Garnieren (nach Belieben)*

EINS Eigelb und 1 EL Zucker in eine Schüssel geben und zu einer glatten Creme verrühren. Nach und nach Öl und anschließend 2 EL Wasser unterrühren. Mehl und Maccha hinzugeben und gut vermengen. **ZWEI** Eiweiß in einer großen Schüssel steif schlagen, bis man es mit einem Messer einschneiden kann. Restlichen Zucker in 2 Portionen dazugeben und vorsichtig verrühren. **DREI** Masse in 3 Portionen mit einem Teigschaber so unter die Eigelbmischung heben, dass sie schön schaumig bleibt. **VIER** Teigmischung in eine leicht gefettete Springform mit 18 cm Ø geben und im vorgeheizten Ofen bei 180 °C (Gas Stufe 4) 15 Min. backen. Auf 160 °C (Gas Stufe 3) herunterschalten und weitere 20–25 Min. backen. Um zu testen, ob der Kuchen gar ist, mit einem Spieß hineinstechen. Es sollte kein Teig mehr daran kleben bleiben. Aus dem Ofen nehmen und abkühlen lassen. **FÜNF** Kuchen aus der Form stürzen und auskühlen lassen. Nach Belieben mit einem Löffel Crème fraîche servieren.

Ergibt 4–6 Portionen

NÄHRWERTE JE PORTION 1016 kJ – 242 kcal – 8 g Eiweiß – 32 g Kohlenhydrate – 16 g Zucker – 10 g Fett – 2 g gesättigte Fettsäuren – 1 g Ballaststoffe – 74 mg Natrium

GESUNDHEITSTIPP Maccha ist reich an Vitamin C und Mineralstoffen.

Japanische Crêperöllchen *Amai fukusa*

Ein Schuss Sake macht die Crêpes noch saftiger und verleiht ihnen einen besonderen Geschmack.

ZUTATEN *200 g gekochte Adukibohnen (S. 12) ‖ 80 g Zucker ‖ 50 g Walnüsse, grob gehackt ‖ 150 g Mehl ‖ 5 EL Zucker ‖ 1/2 TL Backpulver ‖ 1 Ei, verquirlt ‖ 1 EL Sake ‖ 1 EL Crème fraîche ‖ 2 TL Pflanzenöl ‖ Salz*

VANILLESAUCE *6 EL Vanilleeis guter Qualität, geschmolzen ‖ 1 Prise gemahlener Sternanis*

EINS Bohnen mit 200 ml Wasser in einen Topf mit schwerem Boden geben und auf untere Stufe schalten. Zucker unter ständigem Rühren in 3 Portionen dazugeben, bis er sich aufgelöst hat. Auf mittlere Stufe schalten. 1 Prise Salz hinzufügen und rühren, bis ein klebriger Brei entstanden ist. **ZWEI** Walnüsse ohne Fett in einer beschichteten Pfanne 5 Min. goldbraun rösten. Abkühlen lassen und unter die Bohnenmasse rühren. **DREI** Mehl, Zucker und Backpulver in eine große Schüssel sieben. 125 ml Wasser, Ei, Sake und Crème fraîche dazugeben und leicht vermischen. **VIER** Die Hälfte des Öls in einer Pfanne erhitzen, bis es dampft. Vom Herd nehmen und zum Abkühlen 15 Sek. auf ein feuchtes Küchentuch stellen. Erneut auf mittlere Hitze bringen und die Hälfte der Crème-fraîche-Mischung für einen Crêpe mit 20 cm Ø hineingießen. Crêpe backen, bis die Unterseite angebräunt ist, dann wenden und 1 Min. backen, sodass diese Seite etwas heller wird. Einen zweiten Crêpe backen. **FÜNF** Crêpes nacheinander mit der braunen Seite nach oben auf ein Makisu legen. Mit der Hälfte des Adukibreis bestreichen und mit der Matte aufrollen. Matte mit 2 Gummibändern befestigen und 5 Min. liegen lassen. **SECHS** Eiscreme mit dem Anispulver zu einer Vanillesauce verrühren. Jede Rolle in 6 Stücke schneiden und mit Sauce servieren.

Ergibt 4 Portionen

NÄHRWERTE JE PORTION 2519 kJ – 597 kcal – 14 g Eiweiß – 99 g Kohlenhydrate – 69 g Zucker – 19 g Fett – 6 g gesättigte Fettsäuren – 4 g Ballaststoffe – 190 mg Natrium

GESUNDHEITSTIPP Um weniger Zucker bei diesem Rezept zu verwenden, greifen Sie einfach zu kalorienarmem Zucker anstelle von einfachem Rohrzucker.

Schwarzes Sesameis mit Rote-Bete-Chips *Kuro goma aisu*

Als ein Spitzenrestaurant in Tokyo, das für seine innovativen Gerichte bekannt war, dieses Dessert vor einigen Jahren auf die Speisekarte setzte, schockierte die graue Farbe der Eiscreme die Gäste. Der erdige Geschmack der schwarzen Sesamkörner in Kombination mit der Eiscreme ist aber einfach göttlich und bald schon wurde das Dessert überall in Japan imitiert. Heute wird es überall auf der Welt serviert.

ZUTATEN *2 Eigelb* ‖ *4 EL Zucker* ‖ *150 ml Sojamilch oder Milch* ‖ *200 ml Sahne (40 % Fett)* ‖ *4 EL Tahini aus schwarzen Sesamkörnern* ‖ *1 Knolle Rote Bete, geschält und in feine Scheiben geschnitten* ‖ *Pflanzenöl zum Einfetten*

EINS Eigelb und Zucker gründlich verquirlen. Die Milch hinzufügen. **ZWEI** Sahne schlagen, bis sie Spitzen bildet, und die Ei-Milch-Mischung unterheben. Tahini dazugeben und gut vermischen. Die Mischung dann 3 Std. ins Gefrierfach geben. Dabei alle 30 Min. umrühren. **DREI** Rote-Bete-Scheiben zwischen Küchenpapier 15 Min. trocknen. Ein Backblech mit leicht gefettetem Backpapier auslegen und die Scheiben darauf verteilen. Im vorgeheizten Ofen bei 200 °C (Gas Stufe 6) ca. 15–20 Min. backen, bis sie knusprig sind. **VIER** Eis mit Rote-Bete-Chips garnieren und sofort servieren.

Ergibt 4 Portionen

NÄHRWERTE JE PORTION 2050 kJ – 494 kcal – 8 g Protein – 24 g Kohlenhydrate – 24 g Zucker – 42 g Fett – 18 g gesättigte Fettsäuren – 0 g Ballaststoffe – 48 mg Natrium

GESUNDHEITSTIPP Milch und Tahini enthalten beide viel Kalzium, das für gutes Wachstum und Erhalt der Knochen notwendig ist. Werfen Sie beim Kauf von Sojamilch einen Blick auf die Inhaltsstoffe und wählen Sie ein Produkt mit hohem Kalziumgehalt.

Gebackene Süßkartoffeln mit Apfelmus *Daigaku imo*

In Japan essen ältere Damen dieses Gericht mit Vorliebe zur Teezeit. Durch etwas Shoyu bekommen die Süßkartoffeln einen Hauch Würze.

ZUTATEN *2 Süßkartoffeln, gewaschen und 20 Min. in kaltem Wasser eingeweicht* ‖ *1 EL Pflanzenöl* ‖ *1 1/2 EL brauner Rohrzucker* ‖ *1/2 TL Shoyu* ‖ *1 TL schwarze Sesamkörner*

APFELMUS *1 großer Kochapfel, geschält, entkernt und grob gehackt* ‖ *2 EL Honig* ‖ *1 EL Zitronensaft*

EINS Für das Apfelmus die Zutaten mit 100 ml Wasser mischen und bei niedriger Hitze 15–20 Min. köcheln lassen, bis der Apfel breiig ist. Zum Abkühlen beiseitestellen. **ZWEI** Süßkartoffeln abtropfen und trocken tupfen. In mundgerechte Stücke schneiden und in eine große Schüssel geben. Mit dem Öl beträufeln und vermengen, um sie gleichmäßig mit Öl zu überziehen. **DREI** Die Kartoffeln im vorgeheizten Ofen bei 230 °C (Gas Stufe 8) auf der oberen Schiene 25–35 Min. backen, bis sie braun sind und man mit einem Spieß leicht hineinstechen kann. **VIER** Zucker und Shoyu in eine Pfanne geben, 1 1/2 EL Wasser hinzufügen und aufkochen. Rühren, bis der Zucker sich aufgelöst hat und die Mischung anfängt zu blubbern. Die gegarten Kartoffeln dazugeben und die Pfanne kräftig schwenken, um die Kartoffeln mit der Sauce zu überziehen. **FÜNF** Vom Herd nehmen und die Kartoffeln zum Abkühlen auf einem großen Backblech verteilen. Auf Apfelmus und mit Sesamkernen bestreut servieren.

Ergibt 4 Portionen

NÄHRWERTE JE PORTION 1808 kJ – 254 kcal – 3 g Protein – 56 g Kohlenhydrate – 24 g Zucker – 4 g Fett – 1 g gesättigte Fettsäuren – 5 g Ballaststoffe – 125 mg Natrium

GESUNDHEITSTIPP Das orangefarbene Fruchtfleisch der Süßkartoffeln enthält sehr viel Karotin und ist zudem eine gute Quelle für Vitamin E, das antioxidative Eigenschaft besitzt.

Kaki-Kompott mit Joghurt-Mousse *Kaki to yoguruto musu*

Obstkompott eignet sich ideal, um überzählige reife Früchte zu verwerten. Pfirsiche, Birnen oder Pflaumen können anstelle der Kaki (auch Sharonfrucht oder Persimone) für dieses Gericht verwendet werden. Manche Kakisorten werden breiig, wenn man sie kocht, schmecken aber genauso gut wie die festen. Den Brei als Sauce zum Mousse servieren.

ZUTATEN *4 EL Weißwein* ‖ *1 EL Zucker* ‖ *1 EL Zitronensaft* ‖ *450 g reife Kaki, geschält, entkernt und längs in feine Scheiben geschnitten*

YOGHURT-MOUSSE *50 ml Milch* ‖ *2 EL Zucker* ‖ *5 g Gelatine* ‖ *100 ml Sahne* ‖ *200 ml Joghurt (3,5 % Fett)* ‖ *geriebene Schale einer 1/4 Zitrone*

EINS Wein, Zucker und Zitronensaft in einem Topf mischen. 200 ml Wasser dazugeben und aufkochen. Kaki hinzufügen und 5 Min. bei niedriger Hitze köcheln lassen. Abkühlen lassen. **ZWEI** Für die Mousse die Milch in einem Topf erhitzen und Zucker dazugeben. Gelatine mit 2 EL Wasser mischen und rühren, bis sie sich aufgelöst hat. Zur Milch geben, verrühren und vom Herd nehmen. Abkühlen lassen. **DREI** Die Sahne schlagen, bis sie Spitzen bildet. Joghurt und Zitronensaft unterrühren, Gelatinemischung dazugeben und gut vermischen. In einen Plastikbehälter füllen und 1 Std. im Gefrierfach fest werden lassen. Wieder verrühren und für eine weitere Stunde ins Gefrierfach geben. Mousse mit dem Kompott servieren.

Ergibt 4 Portionen

NÄHRWERTE JE PORTION 1000 kJ – 239 kcal – 6 g Protein – 42 g Kohlenhydrate – 42 g Zucker – 5 g Fett – 3 g gesättigte Fettsäuren – 0 g Ballaststoffe – 70 mg Natrium

GESUNDHEITSTIPP Wie Tomaten enthalten auch Kaki Lycopin, ein Carotinoid, das als Antioxidans wirkt. Lycopin reduziert die Wahrscheinlichkeit an bestimmten Krebsarten zu erkranken.

Pflaumenlikör-Gelee mit Ingwer-Zitronen-Sorbet

Umeshu kanten In Japan wird dieses Gelee traditionell als kleiner Snack am Nachmittag mit Tee serviert, manchmal aber auch als erfrischender Nachtisch. Das Geliermittel Agar-Agar wird aus verschiedenen Arten roten Seetangs gewonnen und ist daher für Vegetarier geeignet.

ZUTATEN *1 Handvoll Mandelmakronen, fein zerbröselt* ‖ *6 TL Crème fraîche* ‖ *4 Zweige Zitronenmelisse oder Minze zum Garnieren*

GELEE *1 TL Agar-Agar (Pulver oder Flocken)* ‖ *75 g Zucker* ‖ *75 ml Umeshu*

SORBET *3 EL Kristallzucker* ‖ *3 EL Zitronensaft* ‖ *geriebene Schale einer 1/2 Zitrone* ‖ *Saft von 2,5 cm frischer Ingwerwurzel, geschält, zerdrückt und gepresst*

EINS Für das Gelee Agar-Agar mit 200 ml Wasser in einen kleinen Topf geben und aufkochen. Dabei ständig mit einem Schneebesen rühren. Auf mittlere Stufe schalten und unter Rühren 2 Min. kochen. Vom Herd nehmen, Zucker hinzufügen und rühren. 15 Min. abkühlen lassen und den Wein einrühren. In einen Plastikbehälter füllen und bei Raumtemperatur 1 Std. stehen lassen, bis das Gelee fest ist. **ZWEI** Für das Sorbet den Zucker in einen kleinen Topf geben, 3 EL Wasser hinzufügen und sanft erhitzen, bis der Zucker sich aufgelöst hat. Abkühlen lassen und Zitronensaft mit der Schale und dem Ingwersaft unterrühren. In einen Plastikbehälter füllen und 3 Std. gefrieren. Dabei einmal pro Stunde in der Küchenmaschine mixen oder mit dem Schneebesen umrühren. **DREI** Die zerbröselten Mandelmakronen mit der Crème fraîche vermischen. Je 2 EL Gelee in 4 Champagnerflöten geben, ein Viertel der Crème fraîche und weitere 2 EL Gelee daraufgeben. Mit dem Sorbet abschließen und mit einem Zweig Zitronenmelisse garnieren. Sofort servieren.

Ergibt 4 Portionen

NÄHRWERTE JE PORTION 1178 kJ – 280 kcal – 1 g Protein – 40 g Kohlenhydrate – 39 g Zucker – 13 g Fett – 8 g gesättigte Fettsäuren – 0 g Ballaststoffe – 4 mg Natrium

GESUNDHEITSTIPP Verwenden Sie Crème légère, um den Fettgehalt dieser Nachspeise zu reduzieren.

Register

ABURA AGE 15
Sushi aus gekeimtem braunem Reis in Tofu-Taschen 58
Tofu-Wakame-Salat mit Frühlingszwiebeln 104
Udon-Nudeln mit gebratenem Tofu 126
Adukibohnen 12
Adukibohnen-Nuss-Kuchen 147
Gefüllter Kürbis 108
Japanische Crêperöllchen 151
Adukibohnen-Nuss-Kuchen 147
Agar-Agar 10
Algen 10, 14
Gurken-Algen-Salat 111
Seeteufel mit Wakame-Pfeffer-Sauce 79
Amaranthussamen 146
Feigenkuchen 146
Äpfel
Fünf-Gemüse-Pickle 110
Gebackene Süßkartoffeln mit Apfelmus 154
Steak mit Reistuben 97
Auberginen
Gegrilltes Gemüse mit Tofu-Mayonnaise 32
Geschmorte kalte Auberginen 118
Steak mit Reistuben 97
Ausstattung 10–11
Avocados
Handgerollte Sushi 42
Sushi-Canapés 57

BAMBUSSCHÖSSLINGE 15
Gegrillter Bambusschössling mit Kräutercreme 116
Suppe mit Krabben und Gemüsenudeln 135
Beni shoga 12, 21
Bohnenquark *siehe* Tofu
Bohnenkeimlinge 12
Pfannengerührte Bohnenkeimlinge mit Chili 114
Brauner Reis 17
Brauner Reis mit Pilzen und Edamame 124
Brokkoli
Pfannengerührte Garnelen mit Jakobsmuscheln und Brokkoli 76
Buchweizen-Nudeln mit japanischem Pesto 128

CASHEWNÜSSE
Weißer Sashimi-Salat 53
Chinesischer Kohl *siehe* Hakusai
Chrysanthemen
Marinierte Makrelen-Sushi 48
Crème Vichyssoise japanischer Art 27
Cremiger Tofu-Käsekuchen 148

DAIKON 12
Gebratener Tofu in heißer Brühe 28
Sanft gegarter Daikon mit Hähnchensauce 30
Dashi 12, 19
Dicke Bohnen
Gegrillter Skorpionfisch mit Miso 74
Vegetarisches Chirashi-Sushi 60
Donburi 11

EDAMAME 12
Brauner Reis mit Pilzen und Edamame 124
Eier
Cremiger Tofu-Käsekuchen 148
Eiersuppe 26
Hühnchen-Eierreis-Schale 131
Kalter Nudelsalat 139
siehe auch Wachteleier
Sushi mit Garnierung aus gegartem Fisch 54
Sushi-Canapés 57
Tee-Kuchen 150
Vegetarisches Chirashi-Sushi 60
Eiersuppe 26
Enoki 13
Ente-Lauch-Eintopf 91
Schweinefleisch-Wraps mit Gemüse und Pilzen 98
Ente-Lauch-Eintopf 9

FEIGENKUCHEN 146
Fisch
Fischterrine mit grünem Dressing 37
Frittierte Sardinen in Marinade 78
Gegrillter Skorpionfisch mit Miso 74
Handgerollte Sushi 42
Lunchbox mit dreierlei Garnierung 130
Schwertfisch-Teriyaki mit Fruchtsauce 68
Seeteufel mit Wakame-Pfeffer-Sauce 79
Sushi mit Garnierung aus gegartem Fisch 54
Sushi-Bällchen aus Weißfisch 52
Sushi-Canapés 57
Weißer Sashimi-Salat 53
Fischrogen 12
Fischterrine mit grünem Dressing 37
Fleischbällchen im Reismantel 88
Frittierte Sardinen in Marinade 78
Frühlingsrollen mit gegrillten Garnelen 70
Fünf-Gemüse-Pickle 110

GARI 18
Garnelen
Frühlingsrollen mit gegrillten Garnelen 70
Gegrillte Meeresfrüchte-Spieße 67
Herzhafter Flan 38
Klare Suppe mit Garnelen 24
Nudeln mit Hähnchen, Garnelen und junge Lauch 140
Pfannengerührte Garnelen mit Jakobsmuscheln und Brokkoli 76
Suppe mit Krabben und Gemüsenudeln 135
Sushi mit Garnierung aus gegartem Fisch 54
Sushi-Canapés 57
Gebackene Süßkartoffeln mit Apfelmus 154
Gebratener Tofu in heißer Brühe 28
Gedämpfte Venusmuscheln in Sake 75
Gedämpfter Lachs aus der Folie mit Gemüse 80
Gedämpftes Hühnchen mit spritziger Gemüsesauce 86
Gedämpftes Schweinefilet in Sake-Marinade 84
Gefüllter Kürbis 108
Gegrillte Meeresfrüchte-Spieße 67
Gegrillte Shiitake mit Orangensauce 106
Gegrillter Bambusschössling mit Kräutercreme 116
Gegrillter Skorpionfisch mit Miso 74
Gegrilltes Gemüse mit Tofu-Mayonnaise 32
Gelbschwanz-Sashimi mit Pfirsichsauce 50
Gelee 10
Pflaumenlikör-Gelee mit Ingwer-Zitronen-Sorbet 156
Gerollte Sushi 46
Geschmorte kalte Auberginen 118
Geschmorte Rübchen mit Miso-Nüssen 120
Gingkonüsse
Herzhafter Flan 38
Grüner Tee
Tee-Kuchen 150
Gurken
Fünf-Gemüse-Pickle 110
Gurken-Algen-Salat 111
Handgerollte Sushi 42
Kalter Nudelsalat 139
Lachs-Sashimi-Salat 64
Marinierte Thunfisch-Sashimi 44
Tintenfisch mit Yakumisauce 72
Gurken-Algen-Salat 111

HAKUSAI 12
Ente-Lauch-Eintopf 91
Hakusai-Hüttenkäse-Salat mit Goji-Beeren 112
Makrelen mit Hakusai nach Kyoto-Art 69
Hakusai-Hüttenkäse-Salat mit Goji-Beeren 112
Handgerollte Sushi 42
Heller Hackbraten japanischer Art 85
Herzhafter Flan 38
Himbeeren
Jakobsmuscheln-Carpaccio 47
Hirse
Sushi aus gekeimtem braunem Reis in Tofu-Taschen 58
Huhn
Gedämpftes Hühnchen mit spritziger Gemüsesauce 86
Heller Hackbraten japanischer Art 85
Herzhafter Flan 38
Hühnchen-Eierreis-Schale 131
Kalter Nudelsalat 139
Nudeln mit Hähnchen, Garnelen und junge Lauch 140
Sanft gegarter Daikon mit Hähnchensauce 30
Weißer Sashimi-Salat 53
Würziges Hähnchen 94
Yakitori-Hühnchen 33
Satoimo-Eintopf 107
Hühnchen-Eierreis-Schale 131

INGWER
eingelegt 12, 21
süß-sauer eingelegt 18
I-Shoku Dogen 6
Ikura 12

JAKOBSMUSCHELN
Fischterrine mit grünem Dressing 37
Jakobsmuschel-Carpaccio 47
Pfannengerührte Garnelen mit Jakobsmuscheln und Brokkoli 76
Suppe mit Krabben und Gemüsenudeln 135
Jakobsmuschel-Carpaccio 47
Japanische Crêperöllchen 151

KABOCHA-KÜRBIS
Gefüllter Kürbis 108
Kaki-Kompott mit Joghurt-Mousse 55
Kalmar
Gegrillte Meeresfrüchte-Spieße 67
Sushi mit Garnierung aus gegartem Fisch 54
Kalter Nudelsalat 139
Karotten
Langsam gegartes Rindfleisch mit Gemüse 100
Pfannengerührte Bohnenkeimlinge mit Chili 114
Kartoffeln
Crème Vichyssoise japanischer Art 27
Langsam gegartes Rindfleisch mit Gemüse 100
Pfannengerührtes Schweinegeschnetzeltes in Ingwersauce 92
Kelp 14
Fünf-Gemüse-Pickle 110
Sushi-Bällchen aus Weißfisch 52
Kezuri bushi 12
Kinome 13
Gegrillter Bambusschössling mit Kräutercreme 116
Klare Suppe mit Garnelen 24
Knusprig gegrillte Leber 93
Konbu *siehe* Kelp
Körner-Reis-Mischung 14
Kuchen
Feigenkuchen 146
Tee-Kuchen 150
Kürbiskerne
Gefüllter Kürbis 108
Kurosu 13

LACHS-SASHIMI-SALAT 64
Lachsrogen 12
Lachs-Sashimi-Salat 64
Lamm
Fleischbällchen im Reismantel 88
Langsam gegartes Rindfleisch mit Gemüse 100
Lauch
Ente-Lauch-Eintopf 91
Nudeln mit Hähnchen, Garnelen und jungem Lauch 140
Weißer Sashimi-Salat 53
Lotusblüte *siehe* Renkon
Pfannengerührte Garnelen mit Jakobsmuscheln und Brokkoli 76
Sushi-Canapés 57
Tee-Kuchen 150
Lotusblüten und schwarzer Bohnen in Currysauce 117
Lunchbox mit dreierlei Garnierung 130

MAITAKE
Gegrilltes Gemüse mit Tofu-Mayonnaise 32
Spaghetti auf japanische Art 127
Makisu 11
Makrelen
Makrelen mit Hakusai nach Kyoto-Art 69
Marinierte Makrelen-Sushi 48
Sushi mit Garnierung aus gegartem Fisch 54
Makrelen mit Hakusai nach Kyoto-Art 69
Makronen
Pflaumenlikör-Gelee mit Ingwer-Zitronen-Sorbet 156
Marinierte Makrelen-Sushi 48
Marinierte Thunfisch-Sashimi 44
Meeresfrüchte
Gegrillte Meeresfrüchte-Spieße 67
Menüvorschläge 16
Messer 10, 11
Mirin 13
Miso 9, 13
Misosuppe mit Schweinefleisch und Gemüse 34
Mochigome 14
Mononatriumglutamat 9, 10

NABE 11
Neri kuro goma 13
Nori 11, 14
Frühlingsrollen mit gegrillten Garnelen 70
Gelbschwanz-Sashimi mit Pfirsichsauce 50
Gerollte Sushi 46
Handgerollte Sushi 42
Marinierte Thunfisch-Sashimi 44
Sushi mit Garnierung aus gegartem Fisch 54
Sushi-Canapés 57
Nudeln 13
Kalter Nudelsalat 139
Nudeln mit Hähnchen, Garnelen und jungem Lauch 140
Nuka 13
Nüsse
Adukibohnen-Nuss-Kuchen 147
Geschmorte Rübchen mit Miso-Nüssen 120
siehe auch Cashewnüsse, Gingkonüsse, Pinienkerne, Walnüsse

OKAZU 8

PAPRIKA
Lachs-Sashimi-Salat 64
Steak mit Reistuben 97
Suppe mit Krabben und Gemüsenudeln 135
Pfannengerührte Bohnenkeimlinge mit Chili 114
Pfannengerührte Garnelen mit Jakobsmuscheln und Brokkoli 76
Pfannengerührtes Schweine-geschnetzeltes in Ingwersauce 92
Pflaumen, eingelegte 15
Pflaumenlikör-Gelee mit Ingwer-Zitronen-Sorbet 156
Pilze 13
Brauner Reis mit Pilzen und Edamame 124
siehe auch Kastanien, Enoki, Maitake, Austernpilze, Shiitake, Shimeji
Pinienkerne
Buchweizen-Nudeln mit japanischem Pesto 128
Sushi aus gekeimtem braunem Reis in Tofu-Taschen 58

RADIESCHEN
Fünf-Gemüse-Pickle 110
Reis und Seebrasse mit japanischem Tee 136
Reis 8, 13, 14, 15
Reis und Seebrasse mit japanischem Tee 136
siehe auch brauner Reis, Pilauw, Sushi-Reis, weißer Reis
Reiskocher 11
Reislöffel 11
Reisessig *siehe* Kurosu
Renkon 14
Lotusblüten und schwarze Bohnen in Currysauce 117
Rooibos-Pilauw mit Walnüssen 134
Rind
Langsam gegartes Rindfleisch mit Gemüse 100
Steak mit Reistuben 97
Rogen vom Fliegenden Fisch 12
Pfannengerührte Garnelen mit Jakobsmuscheln und Brokkoli 76
Rollmatte *siehe* Makisu

SAKE 14
Sanft gegarter Daikon mit Hähnchensauce 30
Sansho 14
Sardinen
Frittierte Sardinen in Marinade 78
Sashimi
Gelbschwanz-Sashimi mit Pfirsichsauce 50
Marinierte Thunfisch-Sashimi 44
Sashimi-Salat
Lachs-Sashimi-Salat 64
Weißer Sashimi-Salat 53
Satoimo 14
Misosuppe mit Schweinefleisch und Gemüse 34
Satoimo-Eintopf 107
Schwarzes Sesameis mit Rote-Bete-Chips 152
Schweinefleisch
Gedämpftes Schweinefilet in Sake-Marinade 84
Misosuppe mit Schweinefleisch und Gemüse 34
Pfannengerührtes Schweine-geschnetzeltes in Ingwersauce 92
Schweinefleisch-Wraps mit Gemüse und Pilzen 98
Schweinefleisch-Wraps mit Gemüse und Pilzen 98
Schwertfisch-Teriyaki mit Fruchtsauce 68
Seeteufel mit Wakame-Pfeffer-Sauce 79
Sesamkörner 14
gemahlen 20
Knusprig gegrillte Leber 93
Reis und Seebrasse mit japanischem Tee 136
Sushi aus gekeimtem braunem Reis in Tofu-Taschen 58
Vegetarisches Chirashi-Sushi 60
Sieben-Gewürz-Mischung 14
Shichimi togarashi 14
Shiitake 13
Gegrillte Shiitake mit Orangensauce 106
Pfannengerührte Bohnenkeimlinge mit Chili 114
Spaghetti auf japanische Art 127
Suppe mit Krabben und Gemüsenudeln 135
Shimeji 13, 14
Gedämpfter Lachs aus der Folie mit Gemüse 80
Herzhafter Flan 38
Schwertfisch-Teriyaki mit Fruchtsauce 68
Shirataki 10, 13
Langsam gegartes Rindfleisch mit Gemüse 100
Shishitou 15
Shiso 15
Buchweizen-Nudeln mit japanischem Pesto 128
Feigenkuchen 146
Pfannengerührtes Schweine-geschnetzeltes in Ingwersauce 92
Sommerliche Somen-Nudeln 132
Spaghetti auf japanische Art 127
Sushi-Canapés 57
Tintenfisch mit Yakumisauce 72
Weißer Sashimi-Salat 53
Shoyu 9, 15
Shushoko 8
Soba-Nudeln 13
Buchweizen-Nudeln mit japanischem Pesto 128
Sojabohnen, getrocknete
Heller Hackbraten japanischer Art 85
Sojasauce *siehe* Shoyu
Somen-Nudeln 13
Sommerliche Somen-Nudeln 132
Spaghetti auf japanische Art 127
Spargel
Fischterrine mit grünem Dressing 37
Pfannengerührte Bohnenkeimlinge mit Chili 114
Schweinefleisch-Wraps mit Gemüse und Pilzen 98
Spinat
Seeteufel mit Wakame-Pfeffer-Sauce 79
Sushi aus gekeimtem braunem Reis in Tofu-Taschen 58
Steak mit Reistuben 97
Suppen
Buchweizen-Nudeln mit japanischem Pesto 128
Crème Vichyssoise japanischer Art 27
Eiersuppe 26
Klare Suppe mit Garnelen 24
Misosuppe mit Schweinefleisch und Gemüse 34
Suppe mit Krabben und Gemüsenudeln 135
Suri Goma 20
Sushi
Gerollte Sushi 46
Handgerollte Sushi 42
Marinierte Makrelen-Sushi 48
Sushi aus gekeimtem braunem Reis in Tofu-Taschen 58
Sushi mit Garnierung aus gegartem Fisch 54
Sushi-Bällchen aus Weißfisch 52
Sushi-Canapés 57
Vegetarisches Chirashi-Sushi 60
Sushi aus gekeimtem braunem Reis in Tofu-Taschen 58
Sushi mit Garnierung aus gegartem Fisch 54
Sushi-Bällchen aus Weißfisch 52
Sushi-Canapés 57
Sushi-Reis 14, 18
Süße Kastanienknödel 144
Süßkartoffeln
Gebackene Süßkartoffeln mit Apfelmus 154
Gegrilltes Gemüse mit Tofu-Mayonnaise 32
Süße Kastanienknödel 144

TAHINI 13
Schwarzes Sesameis mit Rote-Bete-Chips 152
Takenoko 15
Takuan 12
Gerollte Sushi 46
Teriyakisauce 33
Thunfisch
Gerollte Sushi 46
Marinierte Thunfisch-Sashimi 44
Tintenfisch
Gegrillte Meeresfrüchte-Spieße 67
Tintenfisch mit Yakumisauce 72
Tobiko 12
Pfannengerührte Garnelen mit Jakobsmuscheln und Brokkoli 76
Tofu 15
Buchweizen-Nudeln mit japanischem Pesto 128

Cremiger Tofu-Käsekuchen 148
Gebratener Tofu in heißer Brühe 28
Mayonnaise 32
Tofu-Wakame-Salat mit Frühlingszwiebeln 104
Udon-Nudeln mit gebratenem Tofu 126
Tofu-Wakame-Salat mit Frühlingszwiebeln 104
Trauben
Jakobsmuscheln-Carpaccio 47
Tsuyu 20, 21

UDON-NUDELN 13
Udon-Nudeln mit gebratenem Tofu 126
Umami 9, 10
Umeboshi 15
Gegrillte Meeresfrüchte-Spieße 67
Umeshu 15

VEGETARISCHER DASHI 19
Vegetarisches Chirashi-Sushi 60
Venusmuscheln
Gedämpfte Venusmuscheln in Sake 75
Gegrillte Meeresfrüchte-Spieße 67

WACHTELEIER
Heller Hackbraten japanischer Art 85
Wakame 14
Seeteufel mit Wakame-Pfeffer-Sauce 79
Tofu-Wakame-Salat mit Frühlingszwiebeln 104
Walnüsse
Japanische Crêperöllchen 151
Rooibos-Pilauw mit Walnüssen 134
Wasabi 15
Weißer Reis 17
Weißer Sashimi-Salat 53
Würziges Hähnchen 94

YAKITORI-HÜHNCHEN 33
Yakumisauce 72
Satoimo-Eintopf 107
Yuzu 15

ZA CAI 15
Tintenfisch mit Yakumisauce 72

Danksagung

Mein inniger Dank gilt Sophia Dunn, Meg Komiya und Chinami Taniguchi für ihre Hilfe und Freundschaft. Ich danke Björn Hagert für seine Unterstützung. Und nicht zuletzt danke ich meinen Eltern in Tokyo und all den Restaurants und Izkaya in Japan, die ich besucht habe, um mich für meine Rezepte inspirieren zu lassen.

Die japanischen Messer wurden uns für die Fotos mit freundlicher Unterstützung von Nippon Kitchen (nipponkitchen.com) zur Verfügung gestellt.

HERAUSGEBER Nicky Hill
REDAKTION Charlotte Macey
STELLVERTRETENDER CREATIVE DIRECTOR UND DESIGN Geoff Fennell
FOTOS Stephen Conroy
FOOD STYLING Yasuko Fukuoka
ASSISTENZ FOOD STYLING Mari Kobayashi
BACKGROUND STYLING Liz Hippisley
SENIOR PRODUCTION CONTROLLER Manjit Sihra